松村英治

仲間と
見合い
磨き合う
「授業研究」
の創り方

東洋館出版社

はじめに

　効率的に仕事をこなして勤務時間で仕事を終える、プライベートの時間をしっかり確保して心身のリフレッシュを図る、その実現のために教師自身が自分の働き方を変える。まさに「働き方改革」は、私たち教師が一丸となって取り組むべき大切な課題だと思います。ただ、私自身もそう思う一方で、心配に思うことがあります。

　最近、何人かの他校の先生方から、こんな声を耳にすることがありました。

「本校でも働き方改革が必要。だから、研究授業の回数を減らしたほうがよいのではないか」

「いっそ校内研究はやめて、もっとほかのことに時間を割いたほうがいいのではないか」

　子供たちが送る学校生活の6割以上を占めるのは授業です。私たち教師の正規の勤務時間のほとんどを占めるのも、やはり授業です。にもかかわらず、もし「働き方改革」の名のもとに、研究授業の回数を減らしてみたり、校内研究そのものをなくしてしまったら…。その結果、授業そのものが何のおもしろみもない、ただただ退屈で空虚なものになってしまうのだとしたら…。

確かに、学校には改めるべきことがたくさんあります。授業研究とのかかわりで言えば、たとえば次のような事柄です。

終わり（ゴール）が曖昧なままダラダラやる打ち合わせ、誰も読んでくれそうにない冗長な研究紀要の作成、参観者の何人もが居眠りしている研究発表会、授業者の指導技術ばかりが議論の的になる協議会など。

授業研究にかかわること以外でも、このような非効率・不合理で、ときには不条理でさえある事柄が、学校にはたくさんあります。こうした悪しき慣習が、教師の大切な時間を容赦なく奪い、その日の授業に立ち向かおうとするやる気を削いでしまう…。

「働き方改革」というとき、問題とすべきは、「何を、どう（何のために）変えるか」にあると私は思います。なくすべきは教師を疲弊させるムリ・ムダ・ムラであり、新たに生み出すべきは仕事へのやりがいです。少なくとも、特定の仕事をなくしたり、時間を短縮すれば済むという生やさしいものではないと思います。

「働き方改革」の本質は、仕事の目的や意味を問い直し、本当に大切なことに時間と手間と気力を注げるようにすることにあるはずです。

そうであれば、むしろ授業研究こそが、教師の徒労感を達成感に変える鍵を握り、その充実を目指す過程で、学校のムリ・ムダ・ムラを洗い出し、多忙感を充実感に変えてくれるものなのではないでしょうか。

本当にやりがいのある授業研究であれば、必ずや自分の授業力を引き上げてくれます。授業力が磨かれれば、授業をすること自体が楽しくなります。

授業研究を軸として同僚と授業を見合い、語り合うことで、職場内のつながりは豊かになり、お互いを支え合える関係性が構築されます。

こうした連鎖が生まれることで、ちょっとやそっとでは崩れない学校文化が形成され、ひいては自信と誇りをもって働くことのできる職場になるのだと私は思うのです。

そうはいっても、「言うは易く行うは難し」。その道のりは平坦ではありません。私たちも、試行錯誤の連続です。なかには、うまくいかないこともたくさんあります。しかし、そうしたなかでも見えてくる光明が少なからずあります。

仲間と課題を共有できる安心感、授業を磨き合えるやりがい感、明日の仕事を楽しみにできるワクワク感が、私たちにあります。その考え方と手法を紹介するのが本書を上梓した理由です。

特に、本書では、次の4つの取組を実現する授業研究の方途を扱います。

①仲間と「共に」「気軽に」お互いの授業を見合える環境をつくり、一人一人の教師の授業力

を底上げする。

②これまで当たり前だと思ってやってきたことの意味を問い直し、ムリ・ムダ・ムラを洗い出して、戦略的で効率的な授業研究にビルドインする。

③一人一人の教師の思考がアクティブになる校内研究をつくる。

④参観者と語り合い、学び合える研究発表会をつくる。

「働き方改革」が叫ばれるいまだからこそ、本書を通して、仲間と授業を見合い磨き合う「授業研究」の創り方を、世に問いたいと思います。

＊

本書は、筆者が研究主任（初めの1年間は副主任）として、東京都大田区立松仙小学校で取り組んできた校内研究（2015～2019年度）を基にまとめたものです。

また、本校の学び合う教師の姿をよりクリアにイメージできるように、（本人の許可を得たうえで）教師の実名、学び合う教師の写真を掲載しています。ご快諾いただいた同僚の先生方にお礼を申し上げるとともに、本校の授業研究の臨場感が読み手のみなさんに伝わることを願っています。

令和元年6月吉日　松村 英治

目次

第3章 教師の思考がアクティブになる研究発表会

第4章 私の「働き方」改革

Prologue

教師という仕事

授業力は教師の生命線

教職は孤独な職業です。

晴れて教員採用試験に合格し、学校に配属され、クラスの担任ともなれば、40人近い子供たちを任される授業者となります。目の前の子供からすれば、何十年もの経験があるベテラン教師と何ら変わりません。

仕事のほとんどの時間を子供たちと過ごす私たち教師は、子供たちの教育という責務をたった一人で背負う実践家です。こうした孤独は、ほかの業界ではあまり見られないものではないでしょうか。

他方、教職は自律性が高い職業でもあります。

どんな学級をつくっていくか、授業をどう工夫するか、教師には多くの裁量が認められています。想像を巡らし、創意工夫を凝らす余地もまた、ベテラン教師と変わりません。

その気にさえなれば、（それが子供や保護者、上司や同僚の不興を買うものでない限り）何だってできるのがこの仕事の特徴です。それゆえに、楽をしようと思えばいくらだってできる職業でもあります。あえて茨の道を行くのか、それとも平坦な道を行くのか、常に選択と覚悟が迫られます。

そんな私たち教師は、1年間におよそ1000時間もの授業を行います。

多くの教師が「少しでもいい授業を行いたい」と心の内で願っています。ときには研究授業を引き受け、学習指導案を練り、一つの授業をつくり込んでいきます。しかし、「その割には授業力が上がらない」「満足な授業ができない」と感じている先生方は少なくないようです。

私はまだ若手と言われる世代の教師です。ですから、あまり偉そうなことは言えません。それでも、最近とみに感じることがあります。それは、研究授業のあり方です。

研究授業というと、(同僚・先輩や上司から見られることから)「いつもとは違う授業」「少しでも、いいところを見せなくっちゃ」という心情が生まれがちです。

しかしもし、年に1回程度の研究授業のために平素の授業があるかのように思ってしまったら見誤ると思います。そうではなく、**年に1回の研究授業を通して自分の授業改善のヒントを得て、年に1000時間もの普通の授業をいかに変化に富んだおもしろいものにするか**、これこそがあるべき授業研究の姿だと私は考えています。

言葉にすれば、至極当然のことかもしれません。そして、それがどれだけむずかしいことか…。

自分自身、どれだけできているかわかりません。それでも、私なりの指針らしきものがあります。それは、「いかに日々の一つ一つの授業をルーティン化させないか」ということです。

教科書指導書のとおりに進めれば、どんな教師でも1時間の授業を乗り切ることができます。子供たちは若い先生が好きだから、（少なくとも若手のうちは）何も言わずにつき合ってくれることでしょう。それが慣れを生み、いつしか変化を嫌う傾向を身のうちに居着かせてしまうとしたら？

教師だって人の子です。自分に言い訳したいときだってあります。「事務仕事が多くて、授業準備が間に合わなかった…」「昨日は飲みすぎた…」にもかかわらず、指導書どおりの授業で乗り切れた。こうしたことが日常化すれば、「今日は、まぁいっか」という気持ちが生まれます。それが常態化すれば、いずれ「授業はこんなもんでいいよね」に変わってしまうかもしれません。そうなるか否かが、教師としてのターニング・ポイントだと思います。

その気になれば楽ができる職業です。そうであるがゆえに、**楽な日常に身を委ねてしまうと、かえって不安を抱え込んでしまうのも教師の特徴**です。いつも、心のどこかにビクビクとした心情を抱えながら、またそれを誰かに見透かされないように教師人生を歩んでいかなければならないとしたら？　それではきついし、何よりちっとも楽しくありません。

「学級が壊れてしまえば、自分自身も壊れてしまう」

こうしたリスクを私たち教師は常に抱えています。何も特別なことではなく、誰の身にも起き得ることです。問題は、しかるべき時期にしかるべき授業力を身につけられない場合に、そのリスクが高まる点にあります。やはり、授業力は教師の生命線だと思うのです。

1　目指す学級の姿や授業イメージをもつこと

「どのような学級であればよしとするのか」この評価規準が不明確だと、日々の授業や子供たちの様子に対して、不満を覚えることはないかもしれませんが、満足感も乏しいものとなります。この状態に疑問をもたなくなるのが、ルーティン化への第一歩です。

目標は、評価と背中合わせです。目標がなければ、自分の授業も子供たちの学習状況も評価しようがありません。目指す学級の姿を明確にしたり、目標とする授業イメージをもつことの大切さがここにあります。そして、そのイメージは日に日に変わっていきます。

「こんな授業ができるようになりたい！」私がそう感じるきっかけは、いつも自分が尊敬する先生方の授業が与えてくれました。**きっと誰かの授業を見ることでしか、自分の授業を相対化することができない**からでしょう。

校内外の授業を積極的に見ること、それによって、自分に足りない部分やこれまで考えてもみなかったことに気づかされます。自分の目指す姿を確認したり、新たなイメージをもったりすることは、日々の授業をがんばれるエネルギーとなるものでもあります。

2　目指すものの実現に向けて絶えず努力を続けること

自分なりに目指すものが明確になると、教師は自然とその実現に向けて歩き出します。私の場合は、週案に「今週の重点授業」「今週の重点児童」を掲げることからはじめました。

「今週の重点授業」では、その週の授業約20コマのなかで、「この授業は張り切ってやってみよう！」と思えるものを1つ選びます。そして、目標や流れ、手立てなどを考えて週案に書き込み、授業が終わると振り返りを記述するようにします。

「今週の重点児童」も同様で、担任する子供たちのなかから、課題を抱えている子供や最近かかわりが少ないと感じている子供を3人選び、子供の実態とその子にかかわるポイント、振り返りを書き込むようにします。

自分のなかでこうした仕掛けをつくり、努力を続けることが、ルーティン化への甘い誘惑から身を遠ざける手立てとなります。しかし、それだけでも足りません。忙しい時期になると、自分に甘くなり手を抜いてしまうからです。それを抑止する唯一の方法が、「同僚と授業を見合い、語り合うこと」だと思うのです。

3　同僚と授業を見合い、語り合うこと

授業をしていたら、不意にドアが開いて校長先生が教室に入ってきた…どきっとして気が引き締まる思いをした…こんな経験は、教師であれば誰でも経験することだと思います。普段、40人の子供たちを相手に一人で仕事をする私たちにとって、研究授業など、上司や同僚が参観するなかでの授業は、気持ちのもちようがずいぶんと変わるものです。これは、授業にプラスアルファとなる原動力だと思います。

また、研究授業に限らず、同僚と授業を見合うことが日常的になると、いつ同僚が来てもいいように、日々の授業準備を行うようになります。

もちろん、うまくいかない授業もありますが、それはお互い様。自然と授業のルーティン化を回避できます。お互い刺激を与え合えるから、昨日よりちょっとでもいい授業をしようとする気持ちを持続させることができるのです。

さらに、授業を見合い、語り合うことで、同僚とのつながり（同僚性）が生まれ、職員室で孤立する教師が出ることを防ぐという効果もあります。（冒頭でも述べたように）私たち教師は孤独です。孤独であるがゆえに自律性も高い。しかし、どれだけ孤独でも、孤立であってはならないし、周囲がそうさせてはいけないのです。ひとたび孤立してしまえば、困ったときに頼ることができません。仕事上の喜びも分かち合うこともできません。

最近、職場の後輩がぽつりと私に言いました。

「授業を見に来てもらって、放課後に話ができると安心する」

この言葉を聞いたとき、正直なところ私は驚きました。授業を見合い、語り合うことを推進しようとしている自分でさえ、授業を見られることへの抵抗感がかすかに残っていたからです。

しかし、彼女に言わせれば、「一人で授業をしていると、自分がやっていることが合っているのかわからない」「『それでいいよ』とか、『もっとこうしたら？』と言ってもらえると、安心して仕事ができる」というのです。

私も若手の一人といえども、年々後輩が増えてきました。そんな彼らが抱く不安は、かつての自分自身でもあります。教師になりたてころの授業への不安、子供に接するときの不安、この気持ちに寄り添えることも、授業を見合い、語り合うことの効用なのだと私は後輩から学びました。

＊

上述の1～3を、意図的・計画的・組織的に行うのが授業研究です。一人一人の教師に適度な負荷をかけながら、努力を促したり互いの成長を認め合ったりする大切な機会です。こういう視点から、授業研究のあり方を考えていきたいと思います。

授業研究は授業を見合う同僚性の延長にある

優れた力量をもつ教師や教科の専門性の高い教師が集まる学校、10年以上にわたって同じ学校で働き続けられる附属校では、研究を通じて得られた知見を毎年積み重ね、それを基盤に次年度の研究を創り上げることができるのかもしれません。

しかし、多くの公立学校では、（主任教諭等を含む）教諭は6年程度、管理職は3年程度で異動します。また、大量採用の現在は、毎年のように複数名の初任者が着任することも珍しくありません。

こうした状況下で、「研究」を積み重ねていくむずかしさを感じている先生方は多いと思います。私の在職している学校でも例外ではありません。それでもなお、私たちは授業力を高めるために研究に取り組んでいかなければなりません。そのために、教師間で共有すべき目的が3つあると私は考えています。

1　個々の教師の授業力向上

最近では、学校全体で授業の流れを共通化したり、ワークシートをつくって共通で使用したり、ハンドサインや話型を揃えたりする学校が増えてきていると聞きます。こうした取組自体には、相応の意味があると思います。しかし、ここでいう授業力向上とは、そういう次元とは異なるものです。

私が想定しているのは、仮に学校を異動し、これまでとは異なる子供たちや職場環境に身を置いた場合であっても発揮できる授業力を、授業研究を通して身につけることにあります。

2　教師同士の同僚性の構築

近年、改めて「同僚性の大切さ」が言われるようになってきましたが、同僚性とは何かを端的に説明することは、案外むずかしいものです。そこで私は、「授業を軸とした教師間のつながり」だと説明することにしています。

同僚と飲みに行って楽しく語り合ったり、休日に遊びに出かけて親睦を深めることも同僚性の向上に寄与すると思います。しかし、それらはあくまでも補足的な事柄であって主ではないと思います。授業を軸としていないからです。

「互いの授業を見合える」「見合った授業についてざっくばらんに語り合える」「授業で困ったことや悩んだことがあったら相談できる」関係性であってこそ、はじめてお互いの仕事を充実し合える同僚性になるのだと思います。これは、（学校全体にまで浸透していない場合でも）「授業を研究する」という意識があってはじめて成立します。こうした教師間のつながりを構築していくことが、２つ目の目的です。

3 学校文化の形成

同僚性が構築されてくると、「授業を研究することは、私たちにとって必要不可欠なものなんだ」という意識が生まれ、少しずつ学校全体に根づいていきます。この意識は、他律的なやらされ感では決して生まれません。また、自律的・主体的な本物の研究文化は、自校に留まらず、噂話となって近隣の学校や教育委員会に伝わっていきます。

いったんそうなれば、「○○校は、授業を見合い、語り合う学校だ」というイメージが（校内外を問わず）定着するので、管理職や教務主任、研究主任が変わっても破綻しない、対象とする教科等が変更されたとしても目的が継承される研究の基盤となります。

この雰囲気は、子供たちにも伝播します。担任以外の教師が授業を見に来ることを煙たがるどころか、おもしろがるようにさえなります。むしろ自分たちの学びを見せたい、自分の先生を自慢したいという心情が湧いてきて、授業への集中度が増すという副次的な効果もあります。

＊

子供たちに本物の学力が身につくには、その前提として次の流れがあるのではないかと考えています。それは、こんな順番です。

①教師自らが奮い立って自分の授業力を高めようとする。
②授業を軸とした教師同士のつながりが生まれる。
③研究に向かおうとする学校文化が形成される。

このプロセスの結果として、子供たちの学力は底上げされるという仮説です。

もし、この順番を経ず、目の前の学力向上を第一優先にすると、いったんは上がったように見えても、応用力の効かない学力となります。あるいは、次の学年に進級したとたんに力が発揮できなくなってしまうこともあります。すなわち、持続性の乏しい学力となる可能性が高いのです。

たとえば、「算数の文章問題の正答率が低いから研究テーマに据えよう」と設定し、「文章問題を解くときのポイント」をまとめて子供たちに配布し、ひたすら練習するとします。すると、短期的には算数の文章問題の正答率が上がると思います。

しかし、その学力は、次の年も維持されるでしょうか。進級して担任が替わった途端（授業の進め方が変わった途端）いままでできていたことができなくなってしまう、といったことはよくあることです。年度をまたがらなかったとしても、1学期にはできていたはずなのに、夏休みが終わったらリセットされている、といったことも珍しいことではありません。

学習内容の一部を切り出して集中的に学習すること自体は意味のあることだと思います。問題は、こうした取組を何年続けられるか、授業研究における対象が算数の文章問題から国語の説明文に変わったとしても継続できるのか、あるいは、異動した先でも続けられるのかにあると思います。すなわち、取組の継続性と子供が身につけたものの持続性です。

「持続できるか、できないか」という可能性の問題としてとらえれば、（机上の論理としては）

可能だと言うことができます。しかし、あまり現実的とはいえないように思います。学力向上のためとはいえ、指導技術のにみ立脚しようとすると、往々にして長続きしないからです。だからこそ、授業研究の目的を「教師自身の成長」にフォーカスすることが大事なのだと思います。

私の在職している学校では、生活科・総合的な学習の時間を中心とした校内研究に取り組んでいます。1時間の授業を子供たちとともにつくり上げる力を磨いた同僚のなかには、異動先でも取組を継続している人もいます。のみならず、周囲の同僚に声をかけ、取組をさらに広げようとしている教師もいます。

確かに、指導技術や指導方法は大切です。しかし、テクニックにばかり気を取られているうちは、子供に本物の学力をつけることができないことも事実です。

学校によって子供や教師集団の実態は異なるだろうし、一概に言えないことも少なくありません。しかし、それでもなお、いかに長期的な視点をもって授業研究に取り組んでいけばよいか…。

小学校では2020年度より新しい学習指導要領が全面実施されます。主体的・対話的で深い学びを実現し、将来生きて働く汎用性のある資質・能力の育成が求められるいまこそ、授業研究のあり方を再発見することが大切であるように思うのです。

第1章

授業力を磨き合う土台づくり

校内研究のビジョンを掲げる

私は、現任校に2015年度に着任し、その翌年度から研究主任を任せてもらっています。2016年度には区の教育委員会の教育研究推進校の指定を受けたことをきっかけとして、校内研究のテーマをはじめとしてさまざまな変更を行いました。

私がまず手をつけたのは、(研究テーマを決めるよりも先に)校内研究のビジョンを掲げることでした。

ここで言うビジョンとは、「何のために校内研究を行うのか」「この校内研究を通して、どのような学校をつくっていきたいのか」を明らかにするものです。

「『校内研究を通して学校をつくる』というのは、ちょっと大袈裟なのではないか」と感じる方もいるかもしれません。しかし、私はあえてそうすることにしました。

子供たちが送る学校生活のおよそ6割以上は授業が占めます。そのため、校内研究を通じた授業づくりは、よりよい学校づくりに直結するはずです。そこで私は、「校内研究こそ学校づくりの核だ」と言い続けることにしたのです。

本校の校内研究のビジョンは、次のとおりです。

〈公立プライド〉

友達と楽しく夢中になれる、学びがいのある学校
保護者・地域から愛され期待される、通わせがいのある学校
同僚と切磋琢磨し合う、働きがいのある学校

このビジョン設定には、次の2つの背景があります。

①経済的に豊かで、教育に対する関心が高い保護者が多いがゆえに、中学受験を目指す家庭が多く、高学年に進むにしたがって学校教育への関心が低くなりがちであること。

極端に言えば、「学校では友達と楽しく遊んで気晴らしをし、放課後は塾でしっかりと学習に励む」というスタンスの家庭が多いように感じたのです。しかし、それでは、子供たち自身が学校に行く（保護者が通わせる）意味を感じられないばかりか、私たち教師にとってもやりがいをもてません。

②わが子の成長への関心が高い割には、学校への期待や愛着が感じられなかったこと。

ある行事でのことです。

本校は24学級ほどの大規模校なのですが、その割には校庭や体育館はそれほど広くありません。そのため、保護者席が足りなくなるのではないかと心配していました。しかし、その心配は杞憂でした。なぜなら、多くの保護者は、わが子の学年の演目を見終わった途端にさっさと帰ってしまったからです。

「ほかの学年の演技には興味がないのだろうか…」と、私は正直とても悔しかったことを覚えています。こうしたことが、「公立プライド」をあえて校内研究のビジョンに掲げた理由です。

学校づくりの核となる授業研究を通して、本校にかかわるすべての人が自信と誇りを取り戻す…というと、これもまた大仰なことを言っているように聞こえるかもしれません。しかし、私たちは、「公立小学校として当たり前のことを当たり前にやりましょう」ということを表明したかったのです。

校内研究のビジョンが明確となり、教職員間で共有されれば、その実現に向けた道筋が多様であることをお互いに認め合える素地になります。「何のために」（意味）がブレないからこそ、「何を」（課題）と「どのように」（方法）を柔軟に考えられるということです。この柔軟さが、唯一無二のけっして正解などない授業改善への意欲を喚起します。

学習指導案の形式や授業後の協議方法などは、取組を進めながら生まれた課題を基に、常に改善し続けていました。それは、「変える」ということへの抵抗感をいかに軽減できるかとのせめぎ合いでした。こうした取組の継続が、改善すること自体を楽しめる学校文化をつくっていけるのだと思います。それが、校内研究だけではなく、すべての教育活動に根づいてきました。

校内研究のビジョンを言語化し、あえて掲げることは、教師同士が目指す方向性を明らかにし、さまざまな取組に柔軟さをもたらしてくれるはずです。

「楽しさ」再考

学力向上は古くて新しい課題です。特に、近年ではその傾向がより顕著になってきたように思います。そのせいなのかはわかりませんが、「楽しさ」を軽視する風潮が生まれているようにも思うし、本当にそれでよいのだろうかと感じます。

近年、脳科学などの知見により、「脳が『楽しい』と感じ、興味や関心を高めたり、対象に対してポジティブな感情をもったりすることが、学習にとてもよい影響を与える」ことがわかってきたそうです。

もし、この知見が正しいならば、子供たちにとって「楽しい」と感じられる学校生活や授業は、子供一人一人のもっている力を最大限に引き出し、大きく成長することに寄与するはずです。

実は、この「楽しい」というキーワードには、特別な思いがあります。それは、中野重人先生の思いをリバイバルしたいというものです（中野先生は、平成元年の学習指導要領改訂における生活科の新設に、初代教科調査官としてご尽力）。

ご著書で次のように述べています。

3　楽しいだけでよいのか

生活科の授業は、「楽しいだけでよいのか」ときかれる。ただ、楽しいだけでは、授業ではないという指摘である。

この指摘も、生活科の授業づくりに対する伝統的な授業観からの発想であり、異議申し立てである。楽しいだけでは、授業ではないというのである。

我が国にあって、学校とは、そもそも楽しいところであるべきだという認識は、ほとんどないといってよい。勉強するところであるから、ガマンをし、ガンバルところであると考えられてきた。だから、楽しい授業づくりなど、ほとんど問題にならなかったのである。

しかし、この伝統的な学校観、授業観に問題はないか。ガマンとかガンバリだけの学校でよいのかということである。生活科の問題提起の一つがここにある。それは、生活科が遊びを学習として認めたことに、端的に表れている。なぜ、いま楽しさなのかについて、多く述べる必要はあるまい。学校に行かない、行きたくないという子供が増えているという事実だけで十分であろう。

楽しいということは、すばらしいことである。授業が楽しく、学校生活が楽しければ、それに越したことはない。楽しいということは、ただそれだけにとどまらない。そこからいろいろな方向に発展していくのである。そして、その過程の中で、実に多くのことを学ぶのである（後略）。

（中野重人著『生活科のロマン―ルーツ・誕生とその発展』１９９６年、東洋館出版社、１５３～１５４頁）


当時、生活科という新教科が確固たる地位を築くために、「楽しさ」をキーワードに据えて、学校観や授業観への問い直しを迫っていたのだと思います。しかし、改めて読み返し、先述の脳科学の知見などと併せて考えたとき、中野重人先生が主張されていたことが、いかに先見性のあるロジックであったのかがわかると思います。

そこで、私たちは、学校づくりや授業づくりのキーワードに「楽しさ」を据え、２０１６年度からのテーマを『『楽しい』学校の創造～生活・総合的な学習の時間の『楽しい』授業の創造～』としました。

研究発表会で配布したリーフレットには、次の文章を載せています。

「楽しい」というキーワードは、従来の学校観の転換を迫るための重要なキーワードである。毎日通う学校は、「楽しい」に越したことはない。「我慢と頑張り」も大切だが、そのことは、「楽しい」ということを否定することではない。本校の考える「楽しい」とは、「意味の自覚と問い直し～何のためかわかる～」ということを指している。「楽しい」と感じるときには、自分にとっての意味が発生している。その意味をかみしめながら、目的に向かって主体的に活動することができる。だからこそ、学校は、「楽しくなければ学校じゃない」。

他方、「楽しい」というキーワードは、誤解を生みやすい言葉でもあります。休み時間に校庭で元気いっぱいに遊ぶことは「楽しい」、いたずらや悪ふざけをすることも「楽しい」。子供の論理からすれば、「楽しさ」そのものは心的状況です。ですから、楽しいからといって、そこに「学び」が生まれるわけでは必ずしもありません。そのため、「ただ、楽しければいいの？」という疑問が生まれるのは自然なことです。

そこで、私たちは、「学校生活や授業における『楽しさ』とは何か」を再考してみることにしました。その結果、辿り着いたのが「なぜそうなのか」意味を見いだせることが楽しさの本質だということです。これは、当時の校長の口癖でもありました。

たとえば、行事の実施案をつくり、校長に提案すると、「これ、何のためにやるの？」とよく問われました。「意味のないことをしてもしょうがないでしょ？」と。徹底的に意味を問われ、満足に答えられない提案は通りませんでした。

最初のころは、ずいぶん戸惑いましたが、校長から何度も問われ続けることで、当たり前のように見えることに対しても、「それは本当に必要なのか」と意味を考える癖がついたように思います。すると、次第に気づけるようになるのです。これまで、さして意味もなくやっていたことが驚くほど多いことに…。

たとえば、行事の練習などはその最たるものではないでしょうか。

運動会や卒業式の練習といえば、子供たちが（そして私たち教師も）「何回やれば気が済むの!?」というくらい、何度も繰り返すのが当たり前の光景です。

ほかにも、「いままでそうだったから」「そうやるのが当たり前だったから」続けている仕事が、学校にはたくさんあるように思います。しかし、多くの手間暇をかけて取り組む価値があるのかは、「子供たちにどのような力が育っているのか」「そもそも、私たちはこの行事を通してどのような子供たちを育てたいのか」によって決まるはずです。

このように、子供の資質・能力や教師としての指導観の桁で考えたとき、「いままではそうしてきたのだろうけど、それは本当に必要なことなのか？」という疑問をもつことが、今後ますます重要になると思います。だから、行事の練習についても、自分たちの取組を見つめ直すきっかけとしました。

ある年の運動会、「みんな揃ってのダンス」の演目だったはずなのですが、演技の一部に「揃わなくていい」「子供たちの発想のままにアドリブで踊る」場面を取り入れる学年が現れました。揃えるための練習に時間を費やすのではなく、自分はこの場面でどんな動きをするかを考え、話し合い、やってみることに注力することにしたのです。

卒業式では、子供たち全員に「1、2の3」の合図で声を揃えてセリフを言わせるのをやめることにしました。代表数名による答辞・送辞の形式でいい…と。子供の様子を見て、職場を見渡して、「これは、なんだか意味がないよね」と思うことを一つ一つ変えるかやめるかしています。

このような経験を繰り返したおかげで、私たちが意味を見いだせない取組と決別できるようになったと思います。大変な割にはあまり意味のない作業から解放されたわけです。その結果、多少なりとも多忙感が解消され、以前よりも前向きな気持ちをもてたり、やりがいを感じることができるようになりました。

何のためにやっているのかが自分なりにちゃんとわかること、活動の意味を自覚し問い直せることが、実のある本物の「楽しさ」につながることがわかったのです。そして、このことは、子供の学びの姿のみならず、教師自身の学びの姿をも投影するものでもありました。

それは偶然にも、生活科2代目の教科調査官であった嶋野道弘先生のご著書でも述べられていました。

「有意味」な学びを創り出す

「主体的・対話的で深い学び」を実現する授業の要諦のひとつは、「有意味」な学びを創り出すことです。学びに向かうとき、粘り強く取り組むとき、未知の状況にも対応するとき、そこに働くのが、自分にとって意味があるかどうかです。

「有意味」は「自分事」であることを意味します。学びが（他人事ではなく）自分事になってきたと実感（学びの実感）されると、子供の主体的な動きが加速されます（後略）。

（嶋野道弘『学びの哲学――「学び合い」が実現する究極の授業』東洋館出版社、2018年、217―218頁）

大切なことは、何のためにやっているかがわかる、つまり、学ぶ意味を自覚し、学びを問い直しながら展開する「楽しい」授業のイメージを、同僚といかに共有するかにあります。そうでないと、単なるお題目で終わってしまいかねません。この事実に行き当たったとき、質の高いクリアなイメージを共有するためにはどうすればよいかを考えるようになりました。

質の高いクリアなイメージ

「楽しい」授業の創造をめざすことを通して、「楽しい」学校を創造する。そのために必要なことが、意味を問い返しながら仲間とつくり上げる授業のイメージ化です。

本校では、研究対象として生活科と総合的な学習の時間をフォーカスしてきましたが、国語や算数に比べると授業を見る機会も少なく、どのような授業がよい授業なのかがわかりにくい面があります。そのことで、かえって先入観をもたずに済み、同僚同士で「楽しい」授業のイメージ化を図りやすかったように思います。

このイメージ化には、次の二つの側面があると考えています。一つは質の高いイメージをもつこと、つまり、よい授業を見て、それをイメージしながら授業づくりに取り組めるようにするということです。そしてもう一つが、クリアなイメージをもつことであり、（別の言い方をすると）一定程度は「こうすればよい」というハウツーを取り入れることです。

私たちは、この二つの側面からイメージ化を図るために、まず「研究授業」という名称を改めることにしました。何となく非日常的で、打ち上げ花火のような一過性の印象や形式ばった堅苦しさを感じたからです。

そこで、私たちは「提案授業」と「話題提供授業」という名称にすることにしました。２０１７年度に「校内研究ハンドブック」をつくりましたが、その紙面で次のように説明しています。

〈研究授業の意味のとらえ直し〉

●授業者の力量形成を図るとともに、参観者こそが１つの授業から多くを学ぶ場であることを確認するために、研究授業を「話題提供授業」として位置づけ直すとともに、研究協議会の方法を工夫する。

●全教員が共通の授業イメージをもつために、初回の授業は、研究主任・研究副主任が「提案授業」を行う。

1　提案授業

提案授業は、（異動者や初任者を含め）共通の授業イメージをもつため、年度はじめにモデルとなる授業を公開するという目的のもとに、研究主任・研究副主任が行う授業を指します。

２０１６年度は生活科１本、２０１７年度は生活科と総合的な学習の時間を１本ずつ行いました（２０１８、９年度は、これまでの取組の定着が見られたことで、提案授業をやめました）。

2　話題提供授業

話題提供授業では、参観者の学ぶ場とすることを重視しています。

研究授業というと若手教師が授業を行い、中堅やベテラン教師が「もっとこうしたほうがよかった」「自分ならこうする」という協議会となることが多いように思います。それが悪いとは思いませんが、私たちはそれとは異なるものにしたかったのです。それは、次の位置づけです。

授業者は授業を通じて協議する話題を提供するのが役割、そして、参観者は授業者が提供してくれた話題に基づいて互いに学び合える機会とするというものです。

校内研究は、せいぜい月1回、年10回程度といったところです。もし、研究授業が授業者の力量形成のみに力点が置かれるとしたら、学べるのは10人ということになってしまいます。しかし、参観者の学ぶ場という位置づけであれば、そのつど（授業者を含め）全員が学ぶことができるようになります。このようなパラダイムにシフトしたかったのです。

研究授業の名称を変える前は、授業がはじまっても、教室の後ろで腕を組みながら参観したり、学習指導案にちょこっとメモを取る程度しか記録をとっていなかったりする姿が散見されました。それでは参観者の学ぶ場にはなりません。

授業者は必死で授業を行う、授業を参観する大勢の教師は汗をかきながら子供の学ぶ様子を観察したりメモをとったりする、このようなやりとりがあってはじめて学びの場となるはずです。

実際、名称を「話題提供授業」に改め、協議方法を工夫したり、「話題提供授業は、参観者の学ぶ場である」ことを伝え続けたことで、（少しずつですが）子供と同じ目線で、子供に寄り添いながら授業を見たり、子供のつぶやきやしぐさをノートに丁寧に記録する教師の姿が増えてきました。

いまでも、上記の考えを忘れないようにするために、話題提供授業前に発行する研究推進だよりで、次の4つの「授業の見方」を示しています。

●子供たちの輪のなかに入ったり、隣まで近づいたりして、内側から授業を見るように努める。

●授業がはじまったら早めに焦点化し、中心的に見る子を決める。その子の言動などをノートなどに記録し、その後の付箋記入やグループ討議では、実際の子供の名前を挙げながら話ができるようにする。

●授業中の子供たちとのかかわりは、授業の流れやその後の協議を損ねない範囲で、子供の求めなどに応じて、適切に行う（積極的な指導などは避ける）。

●子供たちの発言や様子、教師のかかわりなど、しっかり記録を取るようにする。指導案にメモする程度では、その後の協議を有意義な時間にすることができない。専用のノートなどを用意する。

このように、参観者が最大限の力で授業を参観できるようにする、授業イメージの共通理解をいっそう深めつつ、協議や講師の指導から明らかになったことをまとめ直し、ガイドラインとして可視化する、こうした取組を通して、さらなるクリアなイメージの共有化を図っていきます。

授業者のための研究授業

1 自分なりの授業をつくる道しるべ

私たちは、「授業づくりガイドライン」（資料1）や「単元づくりガイドライン」（資料2、3）を作成しています。授業や単元をつくる際の助けとするツールです。これは、授業の流れや単元の進め方を平準化するといった、教師の指導方法に一定の制約をかけるものではありません。

「ガイドに沿って授業を行えば、一定程度はうまくいく道しるべ」
「（一定程度のラインは引くけど）ライン付近であればどのようにやってもいい」

という位置づけです。

ですから、ガイドラインに書いていないけど、もっといいと思うアイデアがあれば取り入れればいいし、（たとえ奇抜でも）自分なりの実践をどんどんつくっていけばいい、こんなコンセプトのもとに作成したガイドラインであり、私たちの挑戦でもありました。

資料1　授業づくりガイドライン

生・総

大田区立松仙小学校

授業づくりガイドライン(H31版)

めあて・見通し（約5～10分間）

前時までの活動を振り返る

前時までの活動が、本時の活動と直結する場合には必要である。これを行うことで、本時の活動のめあてや見通しが明確になることもある。

本時の活動のめあてを確認する

学習のねらい＝何を学ぶかということ。前時の終わりに児童と立てておくのが基本。活動目標になる場合と達成目標になる場合の両方がある。

本時の活動の見通しを立てる

学習のなりゆき＝どのように学ぶかということ。単なる流れではなく、解決の見通し、自己関与の見通し、可能性の見通しなどを問うようにする。

三個の活動から、本時のねらいなどに合わせて選択し、順序や発問を考えておく。

中心的な活動（約25～35分間）

個人で活動する

一人一人の思いや願いの実現がもっとも可能となる方法。教師は、事前の予想に基づく環境構成、個別の指導・支援が求められる。友達などとの関わりとともに、個人が学習対象と向き合って黙々と取り組むことも大切にしたい。

少人数で活動する

一人の児童の意見で活動が進むことのないように、話し合い方や付箋の出し方、まとめ方などを、全教科などを通じて指導する必要がある。教師は、指導と評価を行いながら、全体での活動に向けて、構想や作戦を立てる。

全体で活動する

グループごとの発表・報告は、原則として実施しない。個人やグループの活動で考えたことなどを、一人一人が自分の言葉で発言する。教師の役割は、児童の発言に問い返したり、構造的な板書をしたりすることである。

本時の目標を踏まえて、三個の活動から一～二個を選択する。付箋や考えるための技法を活用するときには、その適切性や活用する場の設定について十分に吟味する必要がある。

まとめ・振り返り（約5～10分間）

本時の活動のまとめをする

めあてに対応するもの。学習した内容や方法、進捗状況などの整理や確認を意味している。ここまでを見通した板書計画が求められる。

次時のめあてや見通しを立てる

次時では何をしたい（すべき）かを決める。その上で、可能な範囲で、どのようにするのかを考える。次時のめあて・見通しにつながってくる。

本時の活動を振り返る

見通しに対応するもの。自分の学習の省察、捉え直し、味わい直し。基本は、文章を書くことによって行う。振り返りの視点を示すことも有効。

三個の活動全てを左から順に行うことが望ましい。それぞれの活動の学習形態は、本時のねらいなどを踏まえて考える。

※例示した活動は、順不同。パターン化しないように注意する。

資料2　単元づくりガイドライン（生活科）

生活

大田区立松仙小学校
単元づくりガイドライン（H31版）

単元の学習対象や学習活動と出会う。（第0時）

日常生活における児童のつぶやき
アンテナを高く張るとともに、意図的に働きかけることも大切。

他教科等での学習活動
各教科などの関連を見通して、単元の入れ替えも考えられる。

前の単元とのつながり
ある単元が終わることで、次の単元が立ち上がることもある。

きっかけにひと手間・ひと工夫することで、その後の意欲の高まりが変わる。

↓

単元の見通しを立てる。（1～2時間）

具体的な活動や体験をする
とりあえずやってみることによって、やりたいことなどが見付かる。

やりたいことや経験を出し合う
園などでの経験を基にすると、そこから新たな発想も生まれる。

活動計画や単元名を決める
意見を分類、順序付けなどする。単元名に思いや願いを込める。

ここで立てる見通しは、暫定のものである。当然、活動しながら修正していく。

↓

体験活動と表現活動を繰り返す。（1～2つの小単元）

直接働きかける学習活動
例えば、見る、聞く、触れる、作る、探す、育てる、遊ぶなど、いわゆる体験活動である。気付いたことを基に考えることができるようにするため、見付ける、比べる、たとえる、試す、見通す、工夫するなどの多様な学習活動を行うようにする。したがって、教師の支援や環境構成の工夫が大切である。

⇔

表現する学習活動
例えば、言葉、歌、絵、動き、劇など、いわゆる表現活動である。表現活動の多様な方法を活用するとともに、その対象や目的、方法などを吟味し、そこに教師の指導性を埋め込むことが求められる。それによって、気付きが確かなものとなったり、気付いたことが関連付けられたりしていく。

体験と表現、インプットとアウトプット、拡散と収束といった場面を意図的に設定する。掲示物を工夫し、活動の発展を可視化する。

↓

単元を振り返る。

多様な方法を使って表現する
誰かに伝えたいという意欲を基に、表現を通して振り返る。

自分自身や自分の生活について考える
自分との関わり、心身の成長、自分のよさや可能性などに気付くようにする。

振り返ったことを伝え合う
一人一人の考えを伝え合い、関連付けることで、クラスのまとめができる。

単元の終わり方も児童と決めると、思いや願いが実現する振り返りとなる。

※これらの活動が、子供たちの思いや願いの実現に向けた
一連のストーリーとなるように、つながりのある活動を想定する。

資料3　単元づくりガイドライン（総合的な学習の時間）

総合

大田区立松仙小学校

単元づくりガイドライン（H31版）

単元の学習対象や学習活動と出会う。

日常生活における児童のつぶやき
アンテナを高く張るとともに、意図的に働きかけることも大切。

他教科等での学習活動
各教科などの関連を見通して、単元の入れ替えも考えられる。

前年度の総合の学習経験
内容面や方法面のつながりを活かして、単元と出会わせる。

どこまで与えて、どこから出会わせるかを、学年研などでよく検討する。

探究的な学習の過程を発展的に繰り返す。

【探究的な見方・考え方とは？】
① 各教科における見方・考え方を総合的に働かせること
② 広範な事象を、多様な角度から俯瞰して捉えること
③ 課題の探究を通して、自己の生き方を問い続けること

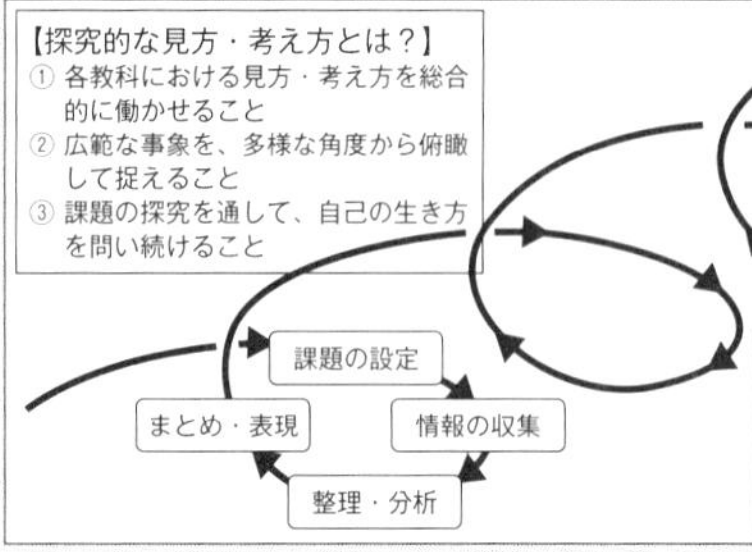

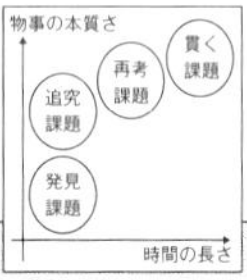

【課題についての考え方の例】
発見課題…出会いのあと設定する課題。子供たちの素朴で率直な疑問を解決しようとするもの。
追究課題…文字通り、追究や解決に値する課題。
再考課題…追究課題について、取組を通して考え直したり、他者からの評価を受けたりして、設定するもの。
貫く課題…単元を貫くテーマのこと。活動の最終目標やなりたい姿など、本質的で長期にわたる課題や見通し。

小単元は、年間で三～五個程度を想定し、一つの小単元の中で、探究的な学習の過程を細かく何度も繰り返す。単元の見通しが立てられたときなどの適切なタイミングで、単元名を児童と話し合って決める。

単元を振り返る。

多様な方法を使って表現する
誰かに伝えたいという意欲を基に、表現を通して振り返る。

自己の生き方について考える
自分の生活や行動、学ぶことの意味や価値、人生や将来などを考える。

振り返ったことを伝え合う
一人一人の考えを伝え合い、関連付けることで、クラスのまとめができる。

学習の内容や方法をまとめるとともに、自分を見つめて変化や成長に気付かせる。

世間では、「〇〇小スタンダード」と銘打って取り組んでいる学校もあります。一定の成果が挙がっているとの話を聞くこともありますが、私たちの取組とは考え方が異なります。

（学校によって差異はあると思いますが）「〇〇小スタンダード」は、経験年数や力量にかかわらず、どの教師であっても、同じように授業ができるようにすることに力点が置かれます。いわば、授業の流し方の共通ルールです。

（あえてきつく言えば）教師の個性を度外視した授業の標準化だと私には思えます。一見、効率的であるかのように見えて、実際は、目の前の子供たちの現実が置き去りにされる危険性があると思うのです。

授業は、子供たちと授業者のものであり、その目的は学びの充実にあるはずです。授業展開や方法までひとつの枠に押し込んでしまえば、その枠にはまることができない教師や子供は蚊帳の外に置かれてしまうのではないでしょうか。だから、私たちは、（学校の向かうべき方向性や、大切にすべき「子供観」や「授業観」を共有しつつも）授業のやり方まで縛りたくはないのです。

こうした考え方から、私たちの学校では、学年や2学年ごとの分科会提案を行わないことにしました。これも、授業者の主体的な挑戦を支援することの一環です（学習指導案の作成や検討については、学年や分科会で行います)。

分科会提案を行うことは、必要以上に授業者の労力と時間を奪います。それだけでなく、分科会で指摘されるであろう批判を気にするあまり、授業に魂を込められない危険性さえあるからです。

授業者になった先生に学習指導案を作成してもらうにあたっては、次の点をお願いしています。

●授業者としての思いを明確にすること。
●まずは何よりも、授業で自分がやってみたいことを優先すること。
●本時のどの部分について挑戦したいかを表明すること。

この3点が、何らかの形で盛り込まれていれば、参観する側も授業者と同じ目線で「もっとよい方法はあるだろうか」と一緒に考えることができるようになります。

2　その日の授業に正対して語り合う協議会にする

研究授業後における協議が、単なる発言の寄せ集め（どこかで聞きかじった知識や安直な経験論）ではなく、その日に行われた授業そのものにフォーカスした議論にしたいと私たちは考えました。そこで、協議会がはじまって早々に行われることが多い（「本日の授業では…」で口火を切る）授業者自評を後回しにすることにしました。

（恥ずかしながら私もそうなのですが）協議会の冒頭で、自分の授業の振り返りを話そうとすると、「本当は○○にしたかったのですが、□□という理由でこうなってしまいました」と、（自分ではそのつもりはなくとも）説明がつい言い訳がましくなってしまうからです。

それだけでなく、協議会での批判をかわす予防線となることもあります。我が身かわいさに「確かにあまりうまくいかなかったけれども、もうわかっているから触れないで…」という心情が働くということです。

そして、何より問題視していることは、授業者による授業の振り返りを起点として議論がスタートしてしまうことです。本来であれば、参観した授業から参観者がダイレクトに感じ取ったことを起点にすべきところを、授業者自評が余計なフィルターをかけてしまうのです。

これでは授業を参観した先生方にとっても、あまりいいことはないように思います。言い訳っぽく聞こえてしまう自評、予防線を張った自評、議論の起点が授業そのものから授業者個人の指導力にスライドしてしまう自評では、率直な意見を言いにくかったり、本当に議論すべきポイントが見えにくくなってしまうからです。

このような協議会では、（本当の意味で）議論が活性化しません。本人にとっても周囲の先生方にとっても、授業改善の糸口を見つけることはできないでしょう。

私たち授業者が自分の考えを表現できる場は、授業以外にありません。まさに文字どおり〝授業で勝負〟〝子供たちの姿がすべて〟。だから、授業そのものを素材として語り合う状況をつくる必要があるのです。

もちろん、授業者自身の振り返りそのものが必要ないわけではありません。私たちは、その機会を協議会の最後に設けることにしています。そうすると、授業者自評の意味合いが変わります。言い訳や予防線としての振り返りではなく、参観者とのディスカッションを通して学んだこと（子供観や授業観、指導方法など）への振り返りになるからです。

参観者にしても、協議そのものはすでに終わっているわけですから、体裁を考える必要がなくなるし、協議会の締めくくりとして（参観者への感謝をも込めた）授業に対する授業者の純粋な思いを聞く機会となります。

以前、次のように語ってくれた方がいました。

昨年度に引き続き、校内研究で授業をさせていただきました。先生方の意見や講師の先生のお話をうかがって、やっぱりあの発言はもっと問い返してあげればよかったなど、自分の課題がたくさん見えてきました。

だから、また明日から、子供たちが「海苔のふるさと館」の魅力をしっかりと伝えられるようにしていきたいと思います。

昨晩、自分でも納得のいくとてもいい授業をしている夢を見ました（笑）。しかし、現実はなかなかむずかしい。今日の授業を糧に、またがんばっていきたいと思いました。

本日はありがとうございました。

授業のおもしろさやむずかしさ、校内研究で授業する立場の心境などを率直に語れる授業研究の場を設けることは、（とてもむずかしいことですが）重要だと思います。共感し合えれば同僚性も高まるし、授業を見せることに消極的だった先生も、「こういう雰囲気のなかでなら、自分の授業を見せても大丈夫かな…」と思ってもらえる場となるからです。

3　誰のためにもならない社交辞令を、意味のある取組に変える

私たちは、副校長（教頭）などによる講師への謝辞もやめることにしました。

あるとき、「協議会の最後に、管理職による謝辞の時間を設けているのは何のためだろ

う」という疑問が、校内の研究推進部会でもちあがりました。

もちろん、わざわざ学校に足を運び、貴重な意見をいただくわけですから、講師にお礼を述べることは意味あることだし、自然なことでもあります。しかし、それを副校長（教頭）の役割だと決めつけてしまうのは、果たして適切なのだろうかという疑問です。

そこで、「同じ謝辞を送るにしても、もっと意味のあるものにできはしないか」という視点から先生同士で話し合い、管理職に担ってもらうのはやめようということになりました。そうではなく、その日の授業者に述べてもらう「振り返り」をもって謝辞にしよう…と。

そのほうが、講師にとっても自分の指導がどのように伝わったかがわかるので有意義だろうし、仲間の先生方にとっても意味あることなのではないかと考えたのです。

実は、この流れで、協議会冒頭の校長による挨拶もやめることにしました。挨拶をなくす代わりに、校長も協議に直接かかわってもらい、（私たちと同じように）挙手をして意見を述べる立場になってもらったのです。

このようなさまざまな改善を図れたのは、ひとえに校長（当時）の次の考え方が根底にあったからです。

「実践や研究において、管理職の私も研究同人の一人」

4　授業者の思いを支える周囲のバックアップ

学年や分科会によって敷かれたレールを辿るだけの授業では、授業改善の目を養うことはできません。うまくいかなければフラストレーションが溜まるばかりだし、たとえ周囲からどれほどの称賛を受けようとも、ちっともおもしろくありません。

子供にとって学びのある授業は、私たち教師にとっても学びがいのある授業であるはずです。このような学びを実現するためには、教師自身が自分の授業をおもしろがれることが大切だと思うのです。そのためのチャレンジです。

覚悟を決めて自分で選び取り、本気で挑戦した授業であれば、（たとえうまくいかなかったように見えても）そこで得られた学びは、計り知れない可能性を秘めています。

ただし、注意しなければいけないこともあります。それは、授業者限りの孤軍奮闘では、（授業そのものが成立しない、そのために学級が不安定になるといった）教師の思いとはかけ離れた結果になることもあるということです。

本当の意味で授業者の思いが優先されるためには、学年や分科会、研究推進部会によるバックアップが欠かせません。その支援に裏打ちされたうえで、授業の内容や流れについての最終決定は授業者に託すといった役割分担が必要だということです。

自分の授業を見直すきっかけ

２０１６年度、本校に着任して2年目、私ははじめて研究主任を任されます。その前年度の後半、私は教師としての指導観の変更を余儀なくされる痛い目に遭いました。

当時、１年生を担任していた私は、横浜市立大岡小学校の公開研究会に参加し、１年生の授業を参観しました。このとき、私は子供たちの姿に衝撃を受けます。

- 自分の思いや願いを前面に出す姿
- 自分の感じ考えたことを友達に伝えたくて仕方がない姿
- 友達の話を聞きたくて仕方がない姿

これらの姿を見て、「自分の授業づくりや学級づくりを抜本的に見直さなければならない」と感じました。学校に戻るなり、校長に「来年も1年生を担任させてほしい」と嘆願したことを覚えています。

それまでも、私は自分なりに目指す学校の姿や子供の姿を明確に描き、その方向へ確実に向かうように、子供たちの活動を意味づけたり価値づけたりする言葉かけを徹底して行うように心がけていました。しかし、私の思いとは裏腹に、子供たちのほうは窮屈そうにしていることに気づかされたのです。

その理由が何であるのか、大岡小の実践を見て確信しました。

結局のところ、私が目指した「子供像」「クラス像」は、私自身がよしとするイメージにすぎず、目の前の子供たちの現実と乖離してしまったのだと思います。つまり、私の考える子供の姿に基づいて授業をつくるという型にはめようとしていたわけです。

子供たちからすれば、（自分たちがどうかというよりも）教師である私がよしとするイメージを押しつけられていたようなものです。当然のことながら、自由な思いや願いをもつことなどできず、私の思い描いた枠組みのなかでしか活動できなかったことでしょう。

それともうひとつ、教師による言葉かけには、（いい意味でも、悪い意味でも）子供の言動を縛る強制力が働くのだと気づかされました。

教師の言葉は、子供からすれば自分たちへの評価そのものです。その縛りがどれほど強いものか、私はわかっていなかったのです。

思いや願いを大切にする授業づくり

ここでは、私が実際に行った提案授業を軸にしつつ、協議会の場を通して「授業者の思いとは何か」「それに対して同僚や講師は何を返したのか」を紹介します。

研究主任を任されることになった年、私は提案授業を引き受けました。「次年度の区の研究発表会も控えていることだし、本年度1回目の授業を引き受けて、共通のイメージを提供する授業（提案授業）を行っておいたほうがよいだろう」と考えたからです。

学習指導要領「生活科」の内容(5)と(6)（資料4）を中心とした「夏の遊び」の単元を構想し、提案授業を行う本時は、4回目の「砂場での遊び」の時間としました。

1時間の構成は、次のとおりです。

①子供たちが「設計図」と呼んでいたもの（砂場のどこにどんなものをつくりたいかを話し合いながら絵に表したもの）を見ながら、今日はどんなことをしたいのかを出し合う。
②見通しが立ったところで砂場に行き、思い思いに遊ぶ。
③時間が来たら片付けをして、今日の遊びを振り返る。

資料4　平成29年版・学習指導要領「生活科」2 内容

(5)　身近な自然を観察したり、季節や地域の行事に関わったりするなどの活動を通して、それらの違いや特徴を見付けることができ、自然の様子や四季の変化、季節によって生活の様子が変わることに気付くとともに、それらを取り入れ自分の生活を楽しくしようとする。

(6)　身近な自然を利用したり、身近にある物を使ったりするなどして遊ぶ活動を通して、遊びや遊びに使う物を工夫してつくることができ、その面白さや自然の不思議さに気付くとともに、みんなと楽しみながら遊びを創り出そうとする。

学習指導案には、**資料5**の「教師の思いや願い」を記しました。

こうして改めて読み直すと、自分たちで楽しみを見つけることや時間を忘れて夢中になること、自分の考えが友達の考えとつながっていくことなどを重視していたんだなと思います。教師の手から一定程度離れ、子供たち自身で創造・協働することを望んでいたのでしょう。

これらのことは、（先にも記したように）学年や分科会、研究推進部会で検討した課題ではなく、私自身がこれまでの取組の反省から抱いていた課題でした。これらの課題を克服したいという思いのもとで、提案授業を行ったのです。

この提案授業やその後の協議の様子、講師（現・横浜市立池上小学校長　寳來生志子先生）による指導講評の内容を、当時研究副主任だった三戸大輔先生が裏研究推進

資料5　学習指導案の記述

◯梅雨とその後の夏を総合的に扱う単元のなかで、自分たちで夏の楽しみを見つけて遊びの計画を立てることにより、雨が降ることを楽しみにする、暑い日に張り切って登校するなど、自分たちの生活を工夫したり楽しくしたりするといったよき生活者としての資質・能力を育てたい。
◯時間を忘れ、汗や泥にまみれ、友達とかかわりながら、夢中になって遊びに没頭してほしい。そのなかで、今やっている遊びを工夫したり、新しい遊びを創り出したり、実感を伴った自分なりの言葉で表現したりできるようになってほしい。
◯見通しを立てたり振り返ったりする場面において、自分の考えを友達に共感・納得してもらったり、友達が自分の考えと関連づけて発言してくれたりする経験を積み重ねることで、自分の考えを友達に伝えるよさや活動を自分たちで創り出す楽しさを実感してほしい。

だより「TRY!!」にまとめてくれていました。

【授業のはじまりについて】

「〜したいです」という子供の願いを基に、授業がはじまっている点がよい！という話題がたくさん挙がりました。あれだけの子が、「自分は◯◯がしたいです」「もっと本物っぽくつくりたいです」「もっともっと広くしたいです」という思いをもっているのがスゴイ！と思いました。

寶来先生からは、何をしたいのかもっと手短に自己決定させて、その分振り返りの時間を長くするほうがいいというご指導がありました。活動時間との兼ね合いを考えながら、どうやって思いや願いを基に授業を進めていくかを考えることが大切ですね。

教師の顔色をうかがうことなく、自分の思いや願いを表出することを大切にしてきた結果が、当日の子供たちの姿にも表れ、同僚からも価値づけてもらっていました。自分の挑戦を子供の姿を通して同僚に評価してもらう…これは、この仕事をしていてもっとも嬉しいことの一つだと思います。

【子供がつくった地図について】

「視覚化するというのがよい→音声言語だけではわからない子も多いので…」という話がありました。

これは、生活科だけでなく、他の教科でも言えることですね。ただし、地図として示されると思考が限定されて、「それ以外は駄目！」という制限として働いてしまう弊害もあります。あくまで案として、それをいかに崩すかということも体験させる必要があると思います。

子供たちにとって、まずはやってみて、つくりながら遊び、遊びながらつくり直し…ということが自然だという考えがある一方で、見通しをもって取り組みたい子供もいたり、「設計図」があると教師としては支援しやすくなったりもします。

子供たちのめあては「砂場に町をつくりたい」です。子供から「設計図」をつくるべきという意見が出たことから、活動の展開が固まっていったのだと思います。ただ、生活科・総合的な学習の時間をテーマに校内研究を1年間行ってきたことでわかってきたことですが、「設計図」があることで、かえって子供たちの遊びの幅を狭めてしまう恐れがあるということです。

【振り返りについて】

多くのグループからさまざまな意見があがりました。また、案としては、実物を用いて振り返りをするという意見がありました。

私（三戸）のグループでは、「実物を見ながら、『こんな風にしたら、できたよ』みたいな話ができるとよい」という話がありました。また、山田誠先生（私（松村）の前任校の元校長先生も来てくださっていました）は、「1年生は言語化がされてくるころだから、もっと語らせてもよいかもしれない」という話をされていました。

寳来先生のご指導では、「クラスの実態に応じて、振り返りの方法を工夫するとよい」という話がありました。どのように振り返らせていくか、考えていきたいですね。

また、導入部分に時間をとられたことで振り返りが不十分であったこと、片付けをしてから振り返りをしたことで実物がなかったことなどが指摘されています。

私（三戸）としては、時間がないなかでも子供たちが次々に楽しかったことなどを発言できたことは満足していたのですが、時間配分や振り返りの方法について指摘を受けたことで、新たな視点から授業を改善する必要があることを感じました。

【その他、寶来先生のご指導等より】

①園での経験を分析して、道具の使用を考えるとよい。水を入れる道具はほかにもあるのではないか。

②「45分の授業で遊び込めるのか」これは、授業を見ながら私も感じていたことでした。準備・移動・片付け・振り返りと「遊び」以外の時間って結構ありますよね…。砂場の使用との関連もありますが、考えていく必要がありますね。

③「先生の問い返しについて」「19個つくれた！」という発言に対して「どうやったの？」などと問い返しがあると、工夫が表出するかもしれません。生活科だけでなく、日々の授業でも、日々の子供とのかかわりでも大切にしたいと思います。

④松村先生が、子供とのかかわりを意識しているということがよくわかりました（4月時

点ではなく、年度末の3月までを見通して指導する等)。

④については、私の課題意識を汲み取ってくださった言葉でした。一方、③では、私の言葉かけ(特に問い返し)が不十分であったことが指摘されています。

当時の私は、子供たちへの言葉かけに対して、「〇〇と言ったら、また子供たちを私の枠組みにはめてしまうのでは…」と恐れていました。その結果、必要なときであっても怖くて褒めることができなくなっていたのです。

それに対して、寳來先生からは、後に「もっと言葉かけや問い返しをしたほうがよい」「さらに言えば、先生が思ったことをもっと素直に言ったほうがよい」というアドバイスをもらいました。

また、②では、子供たちが「遊び込む」ことについて疑問を呈されています。

実は、この協議会の後、校長室で「子供たちは園のときに、もっとダイナミックに活動していたのではないか」と、時間配分うんぬんだけではなく、遊びの質についても厳しい意見をもらっていました。

私は、こうした先生方からの意見を受けて、「さて、どうしたものか」と考えました。結果、自分のなかで考えをこねくりまわしていても仕方がない、「いっそ子供たちに教師としての私の思いを打ち明けてしまおう」と心に決めました。

次は、私の思いを赤裸々に綴った文章です。学級だより「ビッグバン」第29号に掲載しました。


(提案授業翌日の) 16日(木)の1時間目は、前日の活動を振り返りながら、今後の活動の見通しを立てていきました。

前日の協議会のとき、講師から「子供たちは園のときに、もっとダイナミックに活動していたのではないか」という指摘があったので、私は子供たちに「昨日、みんなで泥遊びをやったよね。幼稚園や保育園のときと違うことってある?」と尋ねてみました。

すると、子供たちからは次のような発言がありました。

「一日中、やりたいだけやっていた」

「前は水着を着たり着替えを持ってきたりしていて、全身泥だらけになってやっていた」

「おすもうレベル(?)だった」

「もっとすごい道具を使っていた」

「でかいスコップとでかいバケツを使っていた」

「工事とかで使うトロッコ(一輪手押し車?)で水を運んでいた」

「家から道具をもっと持ってきていた」

その一方で、次のような発言もありました。

「幼稚園のときは、水は使っていなかった」

「園庭が小さくて、あまり砂遊びをやっていなかった」

名前マグネットを黒板に貼りながら子供たちの発言を整理してみると、次のような結果でした。
①「幼稚園や保育園のときのほうがもっとすごかったのに！」が９名
②「水は使っていませんでした！」が６名
③「園庭が小さかったんです！」が７名
④「あんまりやったことがありませんでした！」が９名
恥ずかしいことに、子供たちがこれまでどんな経験を積んできたのかを知らずに授業をしていたことに気づかされました。子供たちが本当はどう思いながら活動をやっているのか、全くわかってあげられていなかったのです。
①の子供たちは、みんなで着替えをもってきて、〝長い時間やろうよ！〟という感じだったのですが、〝②③④の子供たちはどうかな〟と思って尋ねてみると、次のように答えてくれました。

「私は小さい保育園で、たくさんの友達とやったことがなかったから、着替えをもってきて、もっともっとやってみたい！」

「園庭が小さくて、広いところでやったことがなかったから、町を全部つくってみたい！」

いままでやったことがないからこそ、今度はみんなでやってみたいという思いを聞くことができました。

そこで、みんなで話し合って決めためあては、「3じかんでみんなでまちをぜんぶつくろう！」です。

授業者は自分の思いや願い、課題などを明確にして授業に臨む、それに対して子供たちが返す、同僚が返す、講師が返す、このやりとりの繰り返しが、お互いの授業力を磨き合える土台をつくっていくのだろうと思います。

第2章

授業を見合い、語り合う仕組みをつくる

ツールとシステムがあれば安定的に持続する

「校長が変わると、研究対象の教科が変わってしまう」

「校内研究を牽引していた教師が異動すると、取組が衰退してしまう」

（定期異動という教育行政の宿命というべきか）学校現場でよく起きることだと言われます。

要するに、ふりだしに戻ってしまうわけです。そうならないようにするためには、研究成果を無理なく受け継いでいけるテーマが必要です。

本校では、「楽しい」授業を創造することを軸とした3つの目的を設けています。

①個々の教師の授業力向上
②教師同士の同僚性の構築
③学校文化の形成

この3つを継承していくという考え方であれば、研究対象とする教科等が何であれ、取組がふりだしに戻ることはありません。

本校の場合には、研究対象が生活科と総合的な学習の時間であることが幸いしている点もあります。それは、次の利点からです。

- 生活科の教科特性として、教科書に沿って進めることはふさわしくないこと（教科書による制約を受けにくい）。総合的な学習の時間にいたっては、そもそも教科書がないこと。
- 生活科にせよ、総合的な学習の時間にせよ、カリキュラムそのものを作成する力が求められること。
- カリキュラム作成のためには、教員同士で話し合ったり、授業を見合ったりする必要があること。

この3点により、校内研究の推進が上述の①～③に寄与するという構造となっており、校長が替わっても、研究成果が継承される可能性を担保してくれます。また、研究の旗振り役の教師が異動したとしても、研究の衰退を回避する仕掛けとしても機能します。

外から新たに赴任してきた教師が研究主任になった途端、研究がゼロスタートになってしまうことは珍しいことではありません。それを回避すべく、私自身、年度を重ねるごとに仕事を分散化したり、役割分担を明確にしたりするなど試行錯誤してきました。

その結果、行き着いたのが「ツールとシステムの定着化」という手法です（資料1）。

(1)　ツール

ここでいうツールとは、「物的な形を有するもの」で、校内研究で用いる道具を指します。付箋やマジックペンといった備品ではなく、学習指導案の形式、授業を見る視点など、教師同士でディスカッションしながらつくりあげてきた授業づくりの知的資産です。こうしたツールの開発と運用が、教員の異動によるデメリットを打ち消してくれます。

ただし、ツールの練度が重要であることを付記したいと思います。「校内の誰が使ったとしても使える」、さらに言えば「異動直後の教師や初任者であっても、一定程度の成果を出せる」ものにする必要があるからです。

(2)　システム

システムとは、「無形なもの」で、校内研究を運営する方法を指します。

「このシステムに乗って校内研究に取り組めば、どの教師であっても一定程度の授業力を身につけることができ、同僚との関係も築かれ、学校全体の文化が形成されていく」方法を確立することであり、そうできれば、（仮に研究主任等がいなくても）研究を回していけるようになります。

いずれもむずかしい課題ですが、ツールとシステムが機能すれば、（校長が替わろうと、

資料1　ツールとシステムの全体像

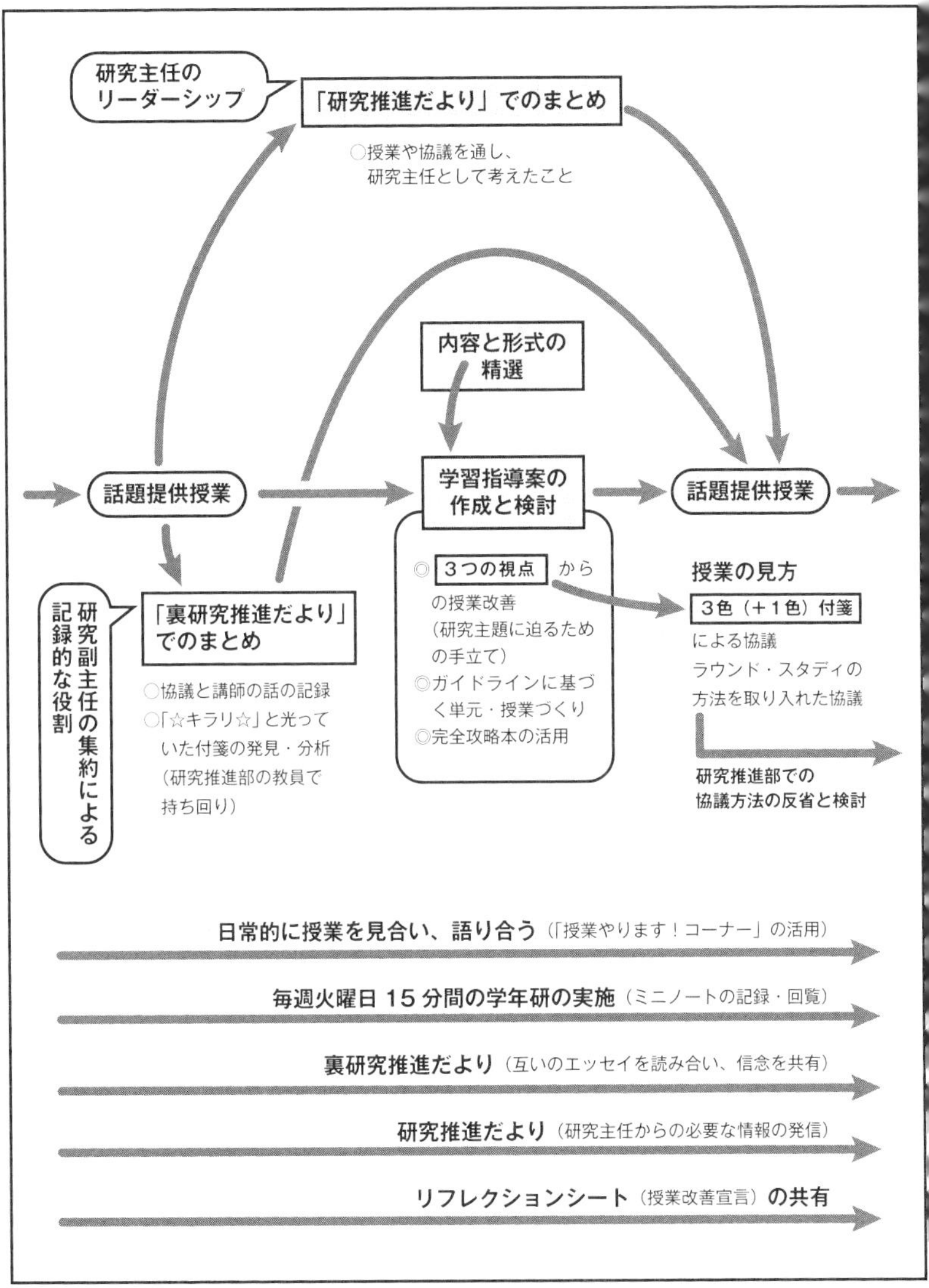

教師が異動しようと）息の長い校内研究を可能にします。

そのためには、教師間の協働によって開発したツールとシステムが、教師の学び合いを促進し、継続しやすいものとなっている、年度を越えて改善し続けていける可変性と柔軟性があるかが問われます。実際上は、開発段階ではたたき台程度に留め、研究を進めていく過程で、先生方の考えを柔軟に取り入れながら改善していく必要があります。

研究主任の職務は多岐にわたりますが、研究内容を広げたり深めたりすることもさることながら、教師相互が学び合いながら授業力を向上していけるツールとシステムの開発も、その重要な職務の一つなのではないかと私は考えています。

そこで、本章では、私たちが現在用いているツールとシステムを紹介したいと思います。

3つの視点からの授業改善

本校では、研究主題に迫るための授業改善の視点を、2016年度より以下の3つに集約しました（2018年度からは、学習指導要領改訂を受け、「主体的な学びの視点」「対話的な学びの視点」「深い学びの視点」の3つにとらえ直し発展的に改めています）。

1 時間的な視点
2 空間的な視点
3 心理的な視点

ここでは、以下の2つの実践例を参照しながら、この3つの視点について紹介します。

【A】1年・生活科「あきのたからばこ」(近藤節子主任教諭)2016年度
【B】5年・総合的な学習の時間「食プロジェクト」(三戸大輔教諭)2017年度

1 時間的な視点…単元・授業構成を工夫する

1の視点は、主に学習過程の工夫を目指すもので、見通しと振り返り、プロセスとゴールのイメージ、資質・能力の活用・発揮、探究、思いや願いといったキーワードを掲げています。

【A(生活科)の実践】

○自分たちで試行錯誤しながら秋遊びをつくり、こつを見つけたり、遊びのルールを話し合ったりすることができるようにするために、はじめから秋の自然を使ったおもちゃをイメージさせるのではなく、自由に遊ぶところからスタートする。

○身近な自然の様子や変化に気づくことができるよう、校内で秋探しを行い、同じ場所を繰り返し訪れる。本門寺公園へと場を広げ、家の近くや休日に出かけた場所にも目が向くよう、朝の健康観察で話題にしたり、日記を取り上げたりする。

○他教科との関連を図り、国語で学習した「観察のヒント」を掲示したり、音楽の時間に自分たちでつくった楽器でリズム遊びをしたりする。

【B（総合的な学習の時間）の実践】

○学びに切実感を生まれるようにするために、給食での和食の残飯の実態と世界の和食に対する評価を比較し、これまでの子供の考えとの「ずれ」を基に学習を進める。

○「完全攻略本２０１７」などを適宜授業で活用し、子供たちが「探究的な学習の過程」のどこに今の学習が位置づくかを意識しながら学習を進める。

○子供たち自身が変化や成果に気づくことができるように、計画・実行・振り返り・改善のサイクルの学習を大切にする。

2　空間的な視点…かかわりを大切にする

２の視点は、主に環境構成の工夫を目指すもので、協働、協力、対話、共有、交流、伝え合い、思考ツール、思考の拡散・収束、学習環境といったキーワードを掲げています。

【A（生活科）の実践】

○同じ場でかかわり合って遊び、こつを教え合ったり、遊び方の工夫を話し合ったりできるよう、やりたいという思いに応える環境を用意し、適切な場面で提示できるようにする。

○相手に応じたかかわり方やルールやこつを考えたり、実践したりすることができるよう、園児との交流を位置づける。自分の成長に気づくことができるよう、価値づけていく。

【B（総合的な学習の時間）の実践】

○考えを整理したり、深めたり、新たな考えを生み出すことができるように、グループでの話し合いの仕方や思考ツールの使い方を、本単元はもちろんのこと、全教科の授業を通して継続的に指導する。

○探究的な学習の過程が質的に深まるようにするために、専門家・プロなどのGTとの出会いを計画的に設定する。ときに厳しい評価をいただき、課題意識をもち、学習を進められるようにする。

3　心理的な視点…自分自身を中心に置く

3の視点は、生活科・総合的な学習の時間ならではの特質を踏まえて設定しています。

主に自分とのかかわり、自分の成長、自己の生き方、自分の生活、自分事、自覚、自分自身といったキーワードを掲げています。

【A（生活科）の実践】

○子供が学習活動を自分事としてとらえ、見通しをもって活動し、子供の思いや願いを実現することができるよう、単元名・活動計画や本時のめあてや活動について、子供たちと話し合って決める。

○子供が場に応じて発言しやすいよう、「意見を広げる」「集約する」「確かめる」といった話し合いの方向性の違いを明確にする。

○無自覚な気づきが自覚的な気づきになるよう、毎時間の終末には、一人一人が自分の活動を振り返ってカードに記入する時間を設定する。また、子供の意欲を高めるとともに気づきの質が高まるよう、印によって気づきの質がわかるようにし、価値づけたり引き出したりするコメントを工夫する。

【B（総合的な学習の時間）の実践】

○「自分たちの学習」であると子供が意識できるように、序盤は和食を切り口にした学年カリキュラムとし、中盤～終盤は学級の実態や課題意識に応じた学級カリキュラムとする。現時点では、和食を探究するクラス、フードロスなど食生活の問題点を探究するクラスを

資料2　3つの視点の座標軸

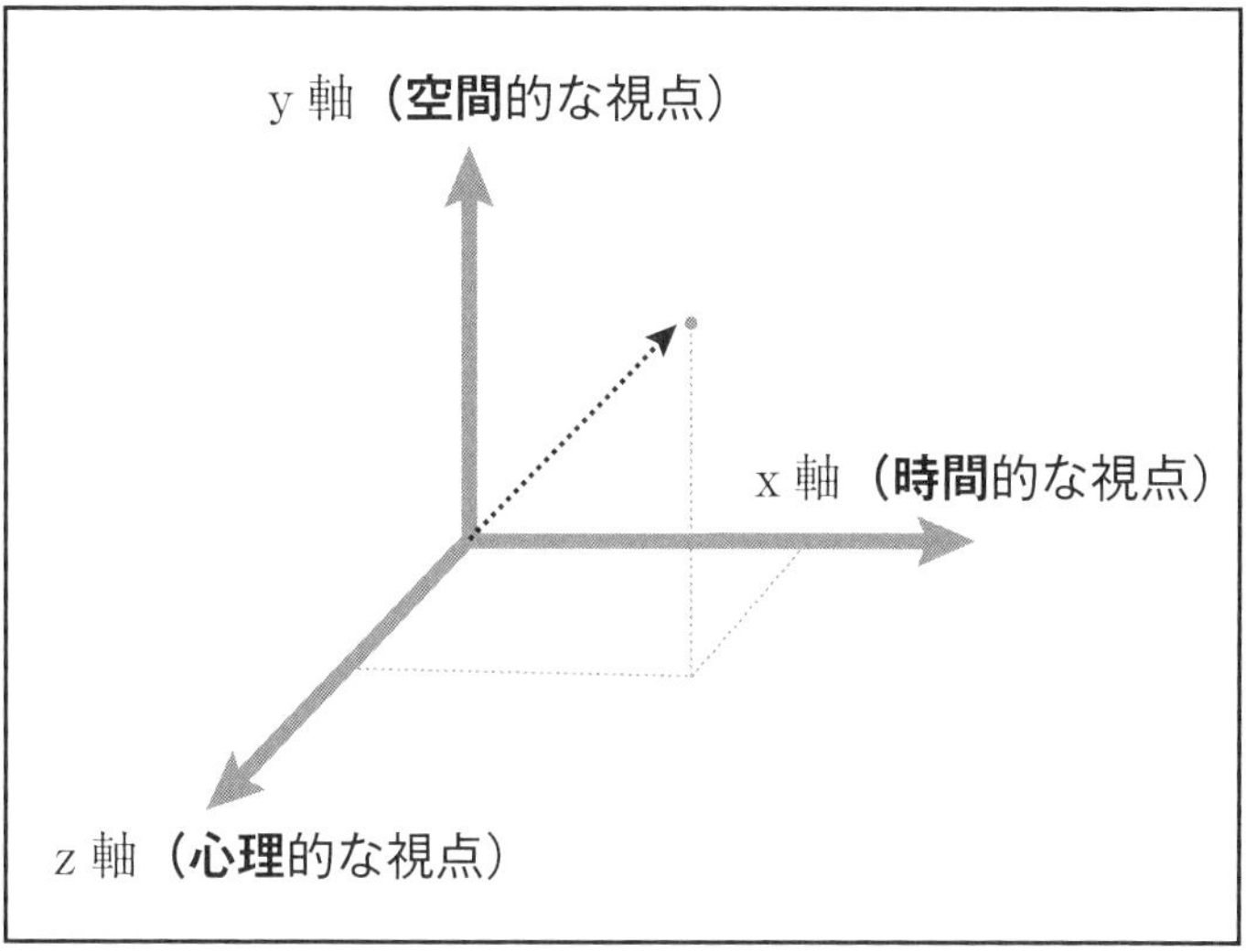

想定している。

○子供が自己の変容に気づくことができるように、毎回の授業で振り返りの時間を確保し、「今日のめあては達成できたか」「次の授業では何をすべきか」という視点で学びを振り返るようにする。

○単元を通して、自身の食生活全般を見直せるように、食全体への意識やかかわり方、学んだことなどを、これからどのように生かすかといった視点から学びを振り返る活動を取り入れる。

これらの3つの視点は、x軸が時間、y軸が空間、z軸が心理というように、3次元の座標軸をイメージしながら考案したものです（資料2）。漏れなく、だぶりなく手立てを考えたり、それを基に子供の姿を見取ったりできるような構造化を意図しています。

この3つの視点は、日々の授業を改善するときの視点となるだけでなく、日々の子供たちの姿を見取るときの視点にもなります。そのため、3つの視点のとらえ方を変えたとしても、目指すべき方向性はブレません。「桁が揃っているか」「構造的になっているか」といった観点から見直すことができるからです。

単元づくりと授業づくりのガイドライン

提案授業、話題提供授業、協議会での協議、講師からの指導・講評を積み重ねていくうちに、「単元はこのような流れでつくっていけばいい」「1時間の授業の流れは、およそこんな感じがいいのかな」と、本校なりのイメージができていきました。これをまとめたものが、第1章で紹介した「単元づくりガイドライン」と「授業づくりガイドライン」です（44～46頁）。

（繰り返しになりますが）これらのガイドラインは、単元や授業のつくり方・授業の進め方を限定するものではありません。あくまでも単元や授業づくりの支援ツールという位置づけです。ですから、一度つくったからといって固定的には考えず、柔軟に変更していくことが必要です。

とはいえ、（改変し続けることを前提とするとはいっても）いったん形にしてしまうと、形骸化する可能性が生まれます。そこで、大枠で囲んだ「基本形の部分」と、吹き出しで示した「留意点の部分」に分けて記載するフォーマットにしました。この「留意点の部分」に、気をつけるべきことやオリジナリティを発揮することを書き込むようにすることで形骸化しにくいように工夫しています。

これらのガイドラインに沿って運用することで、殊に生活科の「単元づくり」については、教師がクリアなイメージをもち、単元を構成することができるようになったと感じています。このように、ハウツーの一歩手前まで一般化することで、より多くの教師が安心して単元づくりに取り組めるようにしていきたいと考えています。

また、「授業づくり」に関しても、かなり浸透したように思います。特に、「めあて」と「見通し」の違い、「まとめ」と「振り返り」の違いについては、（生活科・総合的な学習の時間に限らず）すべての教科等の授業で意識するようになってきています。

用語の定義は各学校や地域などによって違いがあると思いますが、次のように共通理解を図っています。

【本時の活動の「めあて」を確認する】 学習のねらい＝何を学ぶかということ。前時の終わりに子供と立てておくことを基本とする。活動目標になる場合と達成目標になる場合の両方がある。

【本時の活動の「見通し」を立てる】 学習のなりゆき＝どのように学ぶかということ。単なる流れではなく、解決の見通し、自己関与の見通し、可能性の見通しなどを問うようにする。

【本時の活動の「まとめ」をする】 めあてに対応するもの。学習した内容や方法、進捗状況などの整理や確認を意味する。ここまでを見通した板書計画が求められる。

【本時の活動を「振り返り」をする】 見通しに対応するもの。自分の学習の省察、とらえ直し、味わい直し。基本は、文章を書くことによって行う。振り返りの視点を示すことも有効。

ガイドラインを作成する前までは、「『まとめ』がおろそかになる」授業が散見されました。それは、他教科等に比べると、内容に重点が置かれていなかったからかもしれません。

生活科・総合的な学習の時間については、子供たちの意見が広がりすぎて、集約することがむずかしくなるという局面が多々見られたのです。これは、「まとめ」をおろそかにしていたツケだったことに、教師間のディスカッションを通じて気づきました。

「めあて」に対する「まとめ」をしっかりと行い、クラスでの共通理解を図っておくと、自然と次時のめあてや見通しが定まってくるものです。他方「振り返り」については、基本的には視点を規定せず、（仮に規定したとしてもなるべく緩やかなものにして）一人一人が1時間の学習をとらえ直し、味わい直すことができることを重視して授業を構成しています。

２０１７年度の研究発表会に向けた授業準備では、この「授業づくりガイドライン」を活用して授業の流れを整理しようと試みた学年がありました。これは、ガイドラインに沿って授業をつくろうとしたのではなく、活動を通じて芽生えた思いや願いを整理するために、活用したという取組です（**資料3**）。学級ごとの活動の展開から、「本時の活動はこうなるだろう」「授業者としてはこんな授業をやりたい」というアイデアが先にあった点で、これまでにない試みでした。

教師全員で共通理解している事柄、困ったときにはいつでも拠りどころにできる事柄があると、安心感が生まれるものです。こうした安心感によってもたらされる気持ちの余裕が、創意工夫に向かう意欲と姿勢をつくり、芯の通ったしなやかな単元づくり・授業づくりへと向かっていくのだと思います。

資料３　６年の「頭の中を整理する」

めあて・見通し

前時までの活動を振り返る	本時の活動のめあてを確認する	本時の見通しを立てる
・いつもどおり、日直がさらっと言う。前時にやることを全体でしっかりおさえておく。	・調べたことを共有して、より身近な材料で、簡単に作ることができて、安全に使える簡易トイレの作り方を考えよう。 ・非常持ち出し袋に入れることも考えることをおさえる。	・調べたことを発表して、共有する→全体でより身近・簡単な材料・作り方のものを話し合って決める→まとめ・振り返りという流れをおさえる。

中心的な活動

個人で活動する	少人数で活動する	全体で活動する
（なし）	（なし）	・各自で調べた作り方を発表していき、その後、どれがよりよいか話し合う。 ・話合いでは、様子をみて適宜相談タイムを入れる。 ・項目ごとに板書していく。板書計画別紙

まとめ・振り返り

本時の活動のまとめをする	次時のめあてや見通しを立てる	本時の活動の振り返りをする
・いろいろな作り方があることがわかった。 ・非常持ち出し袋に入れることを考えて決めていかなければならない。 （・視点を決めて話し合う必要がある。）	・（視点を決めてから）どの方法にするか決めて、一覧表に付け加える。	・今日の学習で考えたことや気付いたこと、次回に生かしたいことや気を付けたいことを書きましょう。

学習指導案の内容と形式の精選

1　単元の活動計画立案シートの発案

本校の総合的な学習の時間は、年間70時間、1単元で構成しています。そのため、学習指導案をまとめようとすると、単純に分量が膨大となります（2017年度の段階では10ページ近くになっていました）。しっかり計画を立てようとすればするほどページ数は増していきます。これでは、つくるほうも読むほうも疲れてしまいます。

そこで、単元の全貌をざっと一望できるA4判1枚シートを作成することにしました。

この1枚シートには、以下の4つのみの記載に限定し、授業者も同僚も直観的に1年間の見通しをもてるように工夫しました（資料4）。

①単元名
②単元の目標
③学習課題
④探究的な学習の過程

資料４　単元の活動計画立案シート

総合的な学習の時間　単元立案シート 平成29年度 第　学年	単　元　名	
	単元の目標	

学習課題	主な学習対象	主な学習事項
「　　」 （　）横断的・総合的な課題 （　）児童の興味・関心に基づく課題 （　）地域や学校の特色に応じた課題	・ ・ ・	・ ・ ・

単元の活動計画（探究的な学習の過程）※探究のサイクル→課・情・整・ま※探究のサイクルが足りない場合は、列を挿入すること。

学　期						
児童の実態 ・ ・ ・	課題①	課題②	課題③	課題④	課題⑤	課題⑥
教材との出会い						
・ ・ ・	⇒ ・ ・ ・	⇒	⇒	⇒	⇒	⇒ ・ ・ ・
→　→　→　→　→　→　→　児童の思考・認識・気付きなどの変容　→　→　→　→　→　→　→						目指す児童の姿

この１枚シートは、年度はじめのワークショップ型研修会でも活用していました。１年を通じたとても長い実践ですので、70時間全体の見通しのもち方を教師間で共通理解しておきたかったからです。いつしか、このシートは「単元の活動計画立案シート」と呼ばれるようになりました。

２０１６・１７年度の活用を基に、次の３点について改善を図っています。

(1)　小さなサイクルを何度も回す単元構成

それまでは、１つの学期を通じて一巡するようなサイクル（１つの小単元＝１つの探究のサイクル）で実践していました。

しかし、このような大きなサイクルでは、最終的な（あらかじめ決められた）１つの終末に辿り着かないといけないといった意識が生まれやすく、子供の思いや願いに変容が見られても、実践の軌道を変えることがむずかしくなります。すなわち、教師と子供による試行錯誤の余地が少なく、課題が発展したり認識が深まったりする瞬間が生まれにくくなってしまうのです。

そこで、年間3つ程度の小単元のなかで10回程度の探究サイクルを組み込むことに変更しました。これは、嶋野道弘先生からの指導によるものです。小さなサイクルを何度も回すことで（単元途中に試行錯誤できる余地をつくることで）軌道修正しながら課題探究の質を向上させることをねらっていました。

(2) 子供が自分事とする課題の明確化

子供に自分事としてもらいたい「課題」を、「〜しよう」、できれば「〜だろうか」という文末表現で計画上に明確に位置づけ直しました。これは、1つの単元中10個程度の課題を続けて読むだけでも、子供の活動が発展していく様子がイメージできるようにするためです。

(3) 活動が発展する見通しを、子供の姿から読み取れるようにする

新たに「児童の思考・認識・気付きなどの変容」と「目指す児童の姿」という項目を設けました。子供の姿から活動が発展する見通しをもてるようにするためです。

実践が目指すその先を、教師が明確にイメージしておかなければ、子供の活動を舵取

りできなくなるのが総合的な学習の時間です。1年を通じた実践であることもさることながら、教科書がないことがその理由です（本校ではオリジナルの総合的な学習の時間の参考書「完全攻略本」をつくっており、後述します）。

子供たちの思いや願いを大切にする総合的な学習の時間だからこそ、教師のねらいをクリアにすることが重要です。教師がもつ明確なねらいや評価規準に基づいて子供の姿を見取り、その見取りによって得られた知見を基にして指導や支援を行うことが大切だと感じます。

2　学習指導案の改良へ

「単元の活動計画立案シート」の効果を確かめ合えた私たちは、次に本丸である学習指導案に手をつけることにしました。実際、このA４１枚シートが浸透するうちに、「10ページを超えるような学習指導案を書く必要があるのか」と疑問の声が挙がるようになったのです。

このような学習指導案は、確かに力作です。しかし、その作成にかかる労力と時間に見合った効果のあるものかというと、残念ながらそうとはいえません。たとえ、内容が立派なものに仕上がっても、それが生かされる授業とはなっていないことも少なくありません。

そこで、総合的な学習の時間だけでなく、生活科も併せて、学習指導案の内容と形式の精選を行うことにしました。その結果、（A4シートの取組を継続しつつも）学習指導案については4ページに収めることにしたのです（資料5）。

「学習指導案に本当に書き込むべきことは何か」と問い続け、「単元の活動計画立案シート」と併せて改善し続けたことで、見栄えよりも実をとった（コストパフォーマンスを優先した）わけです。このことは、教師の事務作業の軽減にもつながったように思います。

私たち教師は、（どちらかというと）作業の効率化が苦手です。これは、必ずしも能力の問題ではありません。

効率を図るには、いままで当たり前にやってきたことを変えなければならないこと、場合によってはやめてしまわなければならないことを、私たち教師は知っています。そのことに抵抗感を覚えるのです。「これまでがんばってやってきたことなのに…」と。

しかし、それでは仕事が増すばかりです。降って湧いてくるような仕事もありますが、やらなくてもいい仕事を自ら増やしてしまっている節もあるのです。

ですから、これからは、仕事の重要度や目の前の子供の現状、地域特性に応じて「プライオリティをつける」「冗長なものは要点を抽出して簡素化する」「優先順位の低いものはなくしてしまう」ことをしていかなければならないと思います。

資料5　学習指導案（2017年度3年・総合的な学習の時間）

第3学年1組　総合的な学習の時間　学習指導案

授業者　佐藤　敦子

校内研究のテーマ
「楽しい」学校の創造
～生活・総合的な学習の時間の「楽しい」授業の創造～

1　単元名　「TORIストーリー ～鳥と友だち大作戦～」

2　単元の目標

呑川や洗足池、学校周辺などの身近な地域で観察できる野鳥ついて、探究的・協働的に学ぶ過程を通して、町の特長や特色を再発見し、自分にできることを考えたり行動したりして、町の一員としての自覚をもつことができる。

3　単元の学習内容（新学習指導要領に基づく試案）

目標を実現するにふさわしい探究課題	探究課題の解決を通して育成を目指す具体的な資質・能力		
	知識及び技能	思考力・判断力・表現力等	学びに向かう力、人間性等
地域や学校の特色に応じた課題 身近な町に生息する野鳥（町づくり）	・学校の周りの自然環境にはよいところがあること（よさの発見） ・身近で見られる野鳥にはそれぞれ生態があり、周りの自然と関わり合っていること（相互性） ・町のよさを発信していくために、自分ができることを考えて行動すること（責任性）	・鳥と友達になるための方法や手順を考え、見通しをもって計画し実行する（計画・実行力） ・保護者や地域の方々へ向けた探鳥会を通して、町の特長や特色を表現する（表現力・伝達力）	・自分の思い通りにはいかない状況に挑戦する中で自分を客観的に見つめ、自分らしさを発揮しようとする（自己理解） ・学ぶことに興味をもち、見通しをもって課題解決に向けて取り組もうとする（主体性）

4　単元の評価規準

観点	①　探究する力	②　協働する力	③　見つめる力
資質・能力	ア　課題を設定する力 イ　情報を収集する力 ウ　整理・分析する力 エ　まとめ・表現する力	ア　多様な情報を活用する力 イ　異なる視点から考える力 ウ　伝え合い交流する力	ア　自分の生活を見直す力 イ　自分の将来を考える力 ウ　知を統合する力
単元の評価規準	1　身近な地域の散策を基に、気付いたことや取り組みたいことを出し合い、課題を見付けている。（①ア） 2　どのようなことができれば鳥と友達になったといえるのか考えている。（①ア、②イ） 3　鳥と友達になるために、どんな活動をしていくか見通しを立てている。（②イ） 4　友達と関わり合いながら、目的に合わせた観察や調査を行っている。（①イ、②ウ） 5　野鳥についてより詳しくなるためにＧＴからの助言や評価を基に、それらを次の活動に生かしている。（①エ、②ア、③ウ） 6　巣箱とえさ台を作るために必要な事柄の情報を収集している。（①イ、②イ） 7　巣箱やえさ台を作るための条件や情報を整理している。（①ウ、②ア） 8　野鳥の生態や特徴を知り、野鳥はどんなものを食べ、どんな巣箱を使うのか情報を収集している。（①イ、②イ） 9　巣箱やえさ台を設置する場所や周辺の環境など、野鳥の習性に合わせた情報を収集している。（①イ、②イ） 10　巣箱やえさ台の材料を集める方法を友達と話し合い、適切な方法を考えている。（①イ、②ウ） 11　小野先生の助言を受けて、今後どのような活動をしていけばよいかの見通しをもっている。（①ウ、②イ、③ウ） 12　巣箱やえさ台の利用状況や観察の仕方から、鳥と友達になれているかを考え、良い点や改善点を考えている。（①ウ、①エ、③ア） 13　えさ台や巣箱を手入れし、野鳥が来やすい環境づくりをしている。（①エ、③ア） 14　学校周辺にいる野鳥に関心をもち、親子探鳥会に向けて伝えたいことや鳥が見られる場所などをまとめている。（①ア、②ア、①エ） 15　探究的な学習の過程を繰り返すことで、自己の変化や成長に気付いている。（①エ、③イ） 16　学習したことを生かし、自分たちの住む地域のよさを再発見したり、自分ができることを考えたりしている。（③イ、③ウ）		

5 単元について

校庭や学校の周辺では、様々な野鳥を目にしたり鳴き声を耳にしたりできる。それは、学校には野鳥の食料となる木の実があったり、周辺には香川という水辺があったりするからである。教室から見える木々に集まる野鳥に興味をもったり、図書室で鳥をはじめとした生き物の図鑑を熱心に読んだりする児童の姿から、児童にとって野鳥は名前や生態などは詳しく知らないけれど、身近で気になる存在であることが感じられた。

そこで、野鳥や身近な自然環境などを学習対象として探究する活動を通して、学校や身近な地域が野鳥にとってどんな価値があるのかを考えたり、今まで気付かなかったまちの特長や特色を再発見したりしてほしいと考えた。そのために、児童自身が野鳥とどのような関わりをしていきたいのかという思いを大切にしながら、身近な地域で探鳥会を行ったり、地域の環境保全に努める方と出会ったりし、地域に共に生きる一員として自分たちの住むまちに目を向けさせていきたいと考える。

本単元では、野鳥との関わりを通して、自分たちの思う「理想」と野鳥の生態や環境といった「現実」との折り合いを付けながら自分たちのまちを改めて見つめ、今後もこのまちに生きる自分自身の在り方を考える意識を高めたり、まちづくりに関わっていこうとする態度を育んだりしていきたいと考えている。

6 本単元の「楽しさ」とそれに迫るための手立て

単元の「楽しさ」とは？
●「鳥と友達になる」ために自分たちで活動を創ること。 ●野鳥がえさ台や巣箱を使用するかの期待と不安。使ってくれたときの達成感。 ●野鳥から自分たちの町に視点を広げて考えること。

「楽しさ」に迫るための手立て		
視点① 単元・授業構成を工夫する。 （時間的な視点）	視点② かかわりを大切にする。 （空間的な視点）	視点③ 自分自身を中心に置く。 （心理的な視点）
・総合的な学習の時間はどのような学習なのかを知るために、「完全攻略本 2017」を使用してオリエンテーションを行い、どのように学ぶか、どんな力が身に付くかを明示する。 ・課題や活動が多岐にわたったり長期間になったりするときにも学習の見通しをもち、学習の流れをいつでも確認することができるように、スケールチャートなどを活用して整理したり、教室に掲示したりする。 ・知りたいこと、わからないことを解決する方法は様々あることを実感できるように、本や図鑑、インターネットだけでなく、フィールドワークを積極的に取り入れて直接観察をしたり、GT にアドバイスを求めたりする。	・個の思いを大切にしながら学習活動を行うために、鳥について知りたいことや作りたい野鳥の巣箱など、同じ思いの仲間でペアやグループを組んで活動を行う。 ・野鳥の生態や地域の特色などについて専門的なアドバイスをもらえるようにするために、地域パートナーシップ支援センターの方との出会いを設定し、一緒に野鳥を観察したり巣箱作りのアドバイスをもらったりする。 ・野鳥のことを大切に考えた学習活動にするために、野鳥にとって使いやすい場所に巣箱を設置するなど、自分の思いと折り合いを付ける場面を意図的に設定する。	・自分事として総合的な学習の時間に取り組むために、学校周辺の散歩から児童自身が解決したいこと、発見があること、まわりのためになること、1年間楽しく学習できそうなこと、解決できそうなことを観点として話し合い、児童の思いから学習活動を決定する。 ・児童が野鳥を身近に感じられるように、校庭や裏庭で見かける野鳥の鳴き声に耳を澄ましたり、体の様子に注目したりするように促す。 ・どんなことができれば鳥と友達になれたといえるのかのゴールイメージをもてるように、目標を具体的に絞り込んで行動面と心理面で観点を整理し、全員で共有する。

7　3年1組の単元の活動計画（全70時間）

児童の実態	・生き物に関心をもっている児童が多い。 ・呑川には、くさい、汚いとマイナスなイメージをもっている。	・呑川へ散歩に行く。 ・鳥をはじめとする生き物に着目するための意図的な声かけをする。	教材との出会い
単元に向かう児童の思いや願い	●鳥と友達になりたい！ ●鳥を育ててみたい！		

	課題（時数）	探究的な学習の過程	児童の思考・認識・気付きなどの変容
呑川を歩いてみよう（10）	①課題を見付けるために呑川に散歩にいこう（5）	【情】総合でどんな学習をしていくか決めるために学校の近くを歩く。 【整】散歩で気付いたことを出し合い、分類する。 【ま課】分類をもとに3年1組の課題を決定する。 【課】鳥を学習材としてどんな学習をしていくのか考える。	・学校の近くを歩いてみたいな。 ・呑川沿いを歩いてみると、川幅や川のかさが場所によってちがうよ。 ・呑川には鳥が集まるんだね。エサがあるのかな。 ・鳥と友達になりたい！ 評価規準　1
	②鳥と友達になるってどういうことだろう（5）	【情整】どんなことができれば鳥と友達になったといえるのかを考える。 【ま課】鳥と友達になるためにどんな活動をしていくか決める。	・鳥を詳しく知ることなんじゃないかな。 ・鳥を家族のように大切にしながら育ててみたいなあ。 ・近くで鳥を多く見られるところに行ってみよう。 ・鳥のおうちを作ろうよ！ 評価規準　2・3
鳥と友だち大作戦（40）	③鳥を観察に行こう（6）	【情】野鳥を見に行くための計画を立てる。 【情】探鳥会を行い、野鳥を観察する。 【整】探鳥会で気付いたことやわかったことを話し合う。 【ま課】探鳥会で見た野鳥を基に、巣箱やえさ台を作るための計画を立てる。	・目的やめあてが必要だと思うよ。 ・羽を広げているのはどうしてだろう。 ・図鑑に書いてある鳴き声と違うなあ。 ・あんな風にえさを食べるんだ！ ・学校にも野鳥に来てほしいな。 評価規準　3・4
	④どんな野鳥が巣箱を使うのだろう（6）	【情】探鳥会で見た鳥を基に、どんな野鳥の巣箱やえさ台を作りたいか考える。 【情整】GT を招いて、学校に来そうな野鳥の中で巣箱やえさ台を使いそうな野鳥について助言をもらう。 【ま】どの野鳥の巣箱やえさ台を作るか決定する。 【課】巣箱とえさ台を作るために必要なことを出し合う。	・洗足池で見たシジュウカラがかわいかったから、シジュウカラの巣箱をつくりたいな。 ・どんな野鳥が松仙小に来てくれそうか知りたい。 ・鳥に詳しい方の話を聞いてみると、自分たちの来てほしい鳥と実際は違うことがあるんだね。 ・鳥のことを考えた巣箱をつくりたいな。 評価規準　3・4・5・6・7
	⑤巣箱づくりの計画を立てよう（5）	【情】巣箱とえさ台、水場作りに必要なことを調べる。 【整】巣箱とえさ台、水場作りに必要なことを観点ごとに分けて話し合う。 【ま課】巣箱やえさ台、水場の材料をどのように集めるか考えるという課題を設定する。	・近くの材木屋さんに木をもらえるか聞いてくる！ ・図工の梅丸先生に力を貸してもらえないかな。 ・鳥によって穴の大きさやえさの種類が全然違う。 ・材料ってどうやって集めればいいんだろう。 評価規準　3・4・5・6・7・8・9
	⑥巣箱の材料費を集める方法を考えよう（5）	【情整】どのようにして巣箱の材料費を工面するか考える。 【ま】校長先生に学習の目的やこれまでの取組を伝え、学校の予算から材料費を出してもらえるか尋ねる。 【課】学校の予算で購入した材料で、巣箱を作るという課題を設定する。	・地域の材木屋さんに聞いてみたけれど、木をもらうことはできなかったね。 ・自分たちのお小遣いを出し合うのはどうかな。 ・考えていることを、校長先生に伝えてみようよ。 ・いよいよ材料が揃ったから、巣箱を作ろう！ 評価規準　10
	⑦巣箱とえさ台を作って取り付けよう（10）	【情整】巣箱とえさ台を作る。 【整】<u>巣箱とえさ台の設置位置や、水場の状況について困っていることを専門家の方に伝え、助言をもらう。（本時）</u> 【整】助言をもとに、水場の環境調整や巣箱の設置を行う。 【ま課】観察をしながら巣箱やえさ台周辺の手入れをするという課題を設定する。	・巣箱は穴の大きさや高さをよく考えないといけないんだったね。 ・学校のどこに巣箱を付けるのがいいのかなあ。 ・水場に鳥が来ていないよ。 ・また小野先生に聞いてみたい。 ・鳥が来てくれるようにでできることをやろう！ 評価規準　9・11
	⑧鳥と友達になるために観察や手入れをしよう（8）	【情】水場とえさ台の手入れや、来ている野鳥の観察をする。 【整ま】えさ台や水場の改善や引き続き実行することを話し合い、鳥と友達になっているかを考える。 【課】鳥について知ったことを親子探鳥会で伝えるという課題を設定する。	・冬になったから、鳥のえさを置いてもいいね。 ・えさ台や地面にフンがあるから鳥が来ているんだ。掃除しなくちゃ。 ・ぼくたちが鳥と友達になったことおうちの人や地域の方々にも知らせたいな。 評価規準　12・13
探鳥会を開こう（20）	⑨探鳥会の計画を立てよう（10）	【情整】探鳥会を開くためにやることを整理する。 【情整】学校の周辺で見られる鳥を調べるために探鳥会を行う。 【ま】探鳥会で伝えることをまとめる。 【課】実際に探鳥会を開くという課題を設定する。	・私たちが鳥について知ったことを知らせたいな。 ・今まで気付かなかったけれど、学校の周りにもたくさんの鳥が飛んでいるね。 ・鳥の名前や鳴き声、生態について伝えようよ！ 評価規準　14
	⑩探鳥会を開催しよう（10）	【情】探鳥会を開き、保護者から感想を聞く。 【情整】保護者や地域の方の感想を基に、探鳥会の成果を話し合う。 【ま】学校の周辺で探鳥会をしたことを振り返り、まとめる。 【ま】単元全体を振り返り、野鳥と友達になることや自分たちの住むまちについて感じたことをまとめる。	・お母さんが鳥のことよく知っているねって言ってくれて嬉しかった。 ・お父さんがここは鳥が住めるよい地域だなあって言っていたよ。 ・私たちのまちって鳥のえさがあったり住みやすいところだったりするんだね！ ・自分にもまちのためにできることがあるって気付いたよ。 評価規準　15・16

単元の終わりまでに育ってほしい	鳥と友達になるという活動から、身近な地域のよさを再発見し、地域に生きる一員として自覚をもって活動するようになる。

8 本時の活動計画（42／70） 課題⑦の整理・分析

（1）本時の目標

水場に鳥が来ていないことや、巣箱の設置について困っていることなどについて、自分たちの考えや予想、知りたいことなどを GT に伝えたり、それに対する GT の考えを聞いたりすることを通して、自分たちの課題や改善点を明確にすることができる。

（2）本時の展開

○児童の主な学習活動 ・予想される児童の思いや考え	＊教師の指導・支援 ☆評価規準（対象）【観点】
○本時のめあてを確認し、活動の見通しをもつ。（5） ・今日は私たちが困っていることを相談するんだったね。 ・ぼくは、水場に鳥が来ない理由が分からないから、それを聞きたいな。	＊前時までに困っていることや小野先生に聞きたいことなどを個々でまとめておく。
（めあて例） こまっていることを小野先生に伝えて、これから行う活動や課題を考える。	
○困っていることを小野先生に相談する。（28） ・9月に水場を作ったけれど、鳥が来ている様子がないのはどうしてだろう。 ・ぼくは、ひょっとしたら容器を地面に直接置かないほうがよいのかもしれないって思うんだ。水場に来ている鳥の写真は、地面に置いていなかった気がする。 ・私は置く場所がだめなのかもって思い始めてきたよ。調べたものには、見通しのよいところがいいってあったけど、今の場所は本当に見通しがよいって言えるのかな。 ・入れ物の色や水の量も、1学期に調べた通りに気を付けてやっているから、鳥が来ても大丈夫なはずなのに。 ・私は、作った巣箱をどの木に付けたらいいか迷っているんだ。 ・私が考える巣箱の場所がいいかどうか、小野先生に見てほしい。 ・巣箱が作り終わったから、そろそろえさ台を作り始めるのだけれど、えさ台には屋根があったほうがいいのかな。雨が降っていてもえさがぬれなかったり、鳥が休めたりしたいんだ。 ・鳥に来てもらうためには、巣箱と水場とえさ台は近い場所のほうがいいと思うんだけれど、学校にそういう場所あるかな。	＊GT には、解決のヒントだけでなく、子供がどう考えているかを問うような聞き返しもお願いしておく。担任も同様に、子供自身がどのように考えているかを問い返すようにする。 ＊誰がどんなことを聞きたいと考えているのか把握しておき、状況に応じて意図的な指名をして話し合いが深まるようにする。 ＊発言している子供だけでなく、聞いている子供の様子も把握し、そのつど確認をしたり反応を促したりする。 ＊場合によっては、校庭に出て子供が考える場所や、水場の様子を見て、GT と検討をすることも想定しておく。
○本時のまとめを行い、次時への見通しを立てる。（5） ・水場は場所を変えたほうがよいことがわかったよ。 ・巣箱を使ってもらうためには、水場とえさ台は近い場所がいいんだね。どれか一つだけで決められないんだね。 ○今日の学習を振り返る。（7） ・どうすればよいかわからなかったことがあったけれど、小野先生に質問をしたら、やることがわかったから、次の時間はそれに取りかかりたいな。 ・えさ台はいろいろな形があっていいんだね。ぼくは屋根付きのえさ台を作って雨の日でも鳥が来られるようにしたいから、えさ台の完成図を描きたい。 ・私たちの作った水場やえさ台を鳥が使っている所を早く見たいな。	＊まとめで今日の授業でわかったこと、まだよくわからないことを確認し、今後の具体的な活動の見通しをもてるようにする。 ☆小野先生の助言を受けて、今後どのような活動をしていけばよいかの見通しをもっている。（発言・ノート）【①ウ、②イ、③ウ】

そうすることが、教師の多忙感を軽減し、授業を充実するための時間を生み出す現実的な選択だと思います。そのために必要なことが、（繰り返しになりますが）「それは本当に必要なのか」と問い続ける、不断に改善し続けることなのだろうと思うのです。

不断の改善というと、ますます仕事が増えるかのように感じるかもしれませんが、実は逆です。ムリ・ムラ・ムダを削ぎ落とし、本当に大事な部分を取り出して磨くことであり、教師から無用な苦痛を取り除くことだといえるでしょう。

学習指導案の改善も、こうした考え方の延長線上にあります。学習指導案は、自分たちの学校に通う子供の思考を可視化するためのものです。ページ数を減らしたことで（本当に必要な内容にフォーカスしたことで）、作業に要する時間と労力が軽減され、ひいては本当に大事な部分がクリアになりました。

総合的な学習の時間の完全攻略本

（前述のように）総合的な学習の時間には、教科書がありません。これは、各学校ごとに特色ある実践（子供の能力開発主義に根差した横断的・総合的な学習）を生み出すために、国が用意した学校教育におけるチャレンジのひとつです。

現在では、（平成15年の一部改正より）学習指導要領において「目標や内容については各学校で定める」と規定し、目標と内容設定を義務づけていますが、創設当初の平成10年ではそれすらなく、しかも現在のような章立てではなく、「総則」に包含される形で規定されていました。

「国がなぜ、このようなスタイルにしたのか」その意図や目的は（理屈としては）わかるのですが、教科書がないことの弊害も多々あるように私は感じています。

その代表格が、「『学び方』を共通に学ぶことができない」ということです。

算数であれば、教科書に沿って学習していけば、（質はどうであれ）同一歩調で学習を進めていけます。つまり、教師も子供も算数を勉強していくうえでの同じ「学び方」を共有できるということです。これは、他教科等であっても同様です。

しかし、総合的な学習の時間の場合には趣が異なります。ただでさえ、熟練した教師が、子供の活動状況に基づいて適切に指導しなければ、子供たちの理解を促すことがむずかしい総合的な学習の時間です。教科書がない以上、学習を進めていくために必要な「学び方」さえも、自力でつくり出さなければなりません。

学習指導要領解説でも説明されている「課題の設定」「情報の収集」「整理・分析」「まとめ・表現」という探究のプロセス、それを実現するための手法やツールの開発を、教師一人の才覚でまかなうことは、（相当のセンスと技量のある教師でない限り）およそ不可能なのではないかと思うくらいです。この課題は、本校でも話題となりました。

次は、２０１６年度の６月に行われた３年生の話題提供授業の様子です。

①学区域に多くの公園がある本校の特色を生かし、自分が調べたいと思った公園を選ぶ。
②実際に公園に行ったり、町の人にインタビューしたりして、自分が調べたことをまとめ、課題を解決する。

本時では、子供たちがグループごとに付箋を整理しながら話し合いをしていました。このこと自体はごく普通の光景のはずなのですが、その様子に違和感を抱いている参観者がかなりいたのです。授業後の協議の場で意見を交わすと、次の２つが浮かび上がってきました。

それは、「目的意識の不在」と「課題の不明確さ」です。

「情報を整理する目的や必然性を子供が感じていないように見えた」「課題があいまいで質の高まりが感じられなかった」という意見が数多く出されたのです。

これに対して、どのような対応方策を考えたのか。以下、研究推進だよりと裏研究推進だよりに記載した文章から抜粋します。

(1) 目的意識のもたせ方について

子供の発達段階やクラスの実態に合わせて、「小単元のゴール」「単元のゴール」「単元を貫くテーマ」「なりたい自分の姿」といった大きな目標を考える時間を設定するとよいと思いました。

また、クラス全体で共有し、そこに向かうために、本時や次時でどうすればよいかを考えていければ、目的意識がクリアな活動になっていくと思いました。

（2016年度　研究推進だより「レインボー」第14号）

今回の授業では、ＫＪ法を活用して付箋を分類する場面が見られました。「なぜ、分類するのか」「分類するとどういうよさがあるのか」を子供自身が感じられるようにするとよいと思いました。

併せて、「思考ツールを使えばよし」ということではなく、「なぜその思考ツールなのか」「どういうよさや効果があるのか」についても、教師の側と子供の側の双方で考えることが大切だと感じました。

（2016年度　裏研究推進だより「TRY!!」第11号）

(2) 課題の質を高める指導について

学習問題づくりに近いと思いますので、社会科を専門にしている先生のほうが詳しいと思います。

「どういう課題が、質が高いと言えるのか。またその指針や基準は何か」を、私たちのなかで明確にし、それを子供たちにもわかる言葉で示し、さらにそのための活動例を示すことが必要ではないかと思います。

（２０１６年度　研究推進だより「レインボー」第14号）

疑問に思うことを挙げるだけでは、「何人か」「何回か」等、すぐに答えがわかる問いが羅列されることが想定されます。問いの「質」が上がるように指導を入れるとともに、「実際に聞いてみないとわからないよ！」「みんなで話し合ってみないと！」という問い・課題を設定するとよいという話がありました。

質の高い問いを解決していく過程で、子供たちの「自分らしさ（教師の想定を越えた工夫、子供同士の交流等）」が出てくるというよさもあります。今回の単元の場合、ＳＬのこと、プールのこと等、「わからないよ！」という問いがいくつかありました。今後、これらの問いをどう扱っていくかということも大切になりそうです。

（２０１６年度　裏研究推進だより「ＴＲＹ!!」第11号）

(1)の「目的意識のもたせ方」については、「何のためにこの活動をしているのか」「この手法やツールを用いる意味や理由は何か」を、教師側が考えるだけではなく、子供たちも一緒に考え、共通理解を図る必要があるのではないかということでした。

(2)の「課題の質を高める指導」については、「どういう問い（課題）であれば、質が高いといえるのか」を指導しなければ、子供たちの思いや願いという美名のもとで、結局は活動が這い回る危険性があるのではないかということでした。

これらの指摘は、「子供たちが生き生きと活発に活動している」という目に見える楽しげな様子があるだけでは「学び」は生まれない、ということを示唆するものです。子供たち自身が自分のしていること（活動）の目的や意味を理解し、自分なりの理由をもって問いや課題、活動を選択できるようにすることが、総合的な学習の時間ならではの「学び」に寄与するのではないか…「だから、そんな学びを実現したい」という私たち教師の願いが明確になった瞬間でもありました。

この経験から、「総合的な学習の時間においても、やっぱり教科書が必要なのではないか」という発想が生まれたのです。

教科書といっても、学習する内容を組織的に配列したものではありません。どちらかというと、参考書に近いイメージです。

総合的な学習の時間の目標、身につけたい力、内容は価値あるものを自分たちで決めるのだということ、探究のプロセス、活動例、思考ツールの活用例、留意点などを掲載したものです。先生方には研究推進だよりを通じて次のように趣旨を説明しました。

子供たち向けの「総合ガイドブック（仮）」のようなものが必要なのではないかと思っているところです。

身につけさせたい力、学習過程、段階ごとの活動例とそのよさ（例えば、課題の設定とは具体的にどうするとできるのか、それぞれの方法のよさは何か、質の高い課題とはどのような課題のことかなど）といったことを、数ページにまとめて冊子にし、（個人持ちかクラス置きかは検討するにせよ）子供たちがいつでもそれを頼りにしながら、適切な活動を選択したり吟味したりできると、授業を行う私たちにとっても指針となるのではないでしょうか。

当時の副主任だった三戸大輔先生を中心に、夏休みに向けて、内容や構成、役割分担などを検討し、9月に第1版、年度末に第2版、翌年の2017年度末に第3版、2018年度末に第4版と改善を重ねました。現在は、「総合的な学習の時間　完全攻略本2019」として活用しています（巻末のⅰ頁より掲載）。

本校の総合的な学習の時間は、年度はじめの1時間はオリエンテーションとし、次のように進めています。

①前の学年での取組を振り返りながら、3つの身に付けたい力（2018年度からは、育成を目指す資質・能力の3つの柱に合わせて「意味を見いだす力」「学びを創る力」「すすんで関わる力」）を確認する。
②活動内容は、価値あるものを子供たち自身の手で決めるという約束事を確認する。
③探究のプロセスの大まかなイメージなどを共有する。

その後、5～6月には1年を通じて学び深めていく学習材を設定し、この完全攻略本を活用しながら活動を展開していきます。

2つの研究推進だよりの役割

本校では、研究推進だよりを2種類発行しています。

1つは、研究主任が発行する研究推進だより「レインボー」です。

これは、次の項目で構成されます。

●研究全体会などに向けた連絡事項
●話題提供授業や協議、講師による指導・講評に対する研究主任としての考えのまとめ
●生活科・総合的な学習の時間を中心とした情報発信

特に、研究主任としての自分の考えを発信することを大切にしています。推進したい方向性を明確にしたり、本校の実態を踏まえて不足している部分を補ったりする役割です。

もう1つは、研究副主任が発行する裏研究推進だより「TRY!!」（2016・17年）と「ワン★スター」（2018年）、「Orion」（2019年）です。

これは、次の項目で構成されます。

- 授業後の協議や講師による指導・講評などの議事録
- リフレクションシートや協議で使用した付箋の記述のまとめ
- 個人のエッセイ

研究推進部員や、その他の教師が書いたものを集約することが主な目的です。また、必要に応じて研究副主任からの情報発信も行います。

「レインボー」は研究主任による研究内容の推進、「ＴＲＹ!!」「ワン★スター」「Ｏｒｉｏｎ」は研究副主任による研究運営の推進という棲み分けですが、共通することは、共に教師同士の同僚性を高めるためのツールでありシステムだということです。

教師としての自分の個性を伝え合うエッセイ

それともうひとつ、（書き手にとっても、読み手にとっても）意外に好評だったのが、裏研究推進だよりで掲載している「エッセイ」です。年度ごとにテーマを決めて、それについて先生方に好きなように書いてもらうことにしたのですが、取り組みはじめたころは、「面倒がられるかなぁ」などと思ったりしていました。

しかし、その心配はまったくの杞憂で、自分の実践を紐解きながら、みなさん自由に執筆してくれています。

ここで、実際の「エッセイ」を3つ紹介します。

2016年度は、「自分の学級・専科経営で大切にしていることや信念」について書いてもらいました。

「未来に羽ばたけ☆子供たち」

これまでのみなさんの書かれた内容を読んで、「私もそれ、大事にしています！」「そっかぁ。そういう方法もあるんだな」などと、毎回共感させていただいたり、学ばせていただいたりしていました。

そして、いよいよ自分の番が来てしまいました。何を書こうかな…と、4月にこういう企画があると聞いたときからぼんやり考えていたのですが、結局うまくまとまらず…。

今回は2つのことをお話しさせていただきます。

1つ目は、子供たちに指導をする様々な場面で、「どんな自分になりたいのか、いまやっていることは将来の自分にどう結びつくのか」を考えさせるようにしています。

前任校で学んでいたキャリア教育の観点にもつながるところです（といっても、まだよくわかっていないところがたくさんあるのですが…）。

何かの言動や行動に対して、これをやったことがよい・悪いと、ただ褒めたり叱ったりするのではなく、これをしたらどんな力がつくのか、どんな自分になっていくのかを意識できるように言葉をかけたり考えさせたりしています。

1つ1つの行動が、今だけでなく未来の自分の姿にもつなげて考えられるようにしています。自分の目標に向けて、よりよい自分を形成していける力をつけさせたいと考えています。「未来に羽ばたけ☆子供たち」です！

2つ目は、子供たちが書いた感想や日記には、できるだけコメントを書いて返すようにしています。

「毎日全員と一言は話すこと！」とは思っていますが、必ず毎日となると、むずかしいこともあります。そこで、日記などの提出物がコミュニケーションの1つの場となるようにしています。

そもそも、子供たちが取り組んだことには、できるだけこちらも同じ熱量で返してあげたいと思っていますし、さらに子供たちの「書く力」が二極化している現状で、国語の書く力の育成にもつながるといいなと思って行っています。

この取組を続けるなかで、私のコメントに返事が来ることや、直接はあまり話さない子が日記のなかでたくさん打ち明け話をしてくるということがあったり、お家の方から「嬉しそうに読んでいます」「先生からのコメントで会話がはじまります」などとお話しいただいたり、さらにはお家の方がよく目を通してくださる方だと、お家の人ともそこで会話をすることもあって、やっていてよかったなと感じます。

短かったり、簡単なコメントになったりしても、続けていくことで普段の関係にもよい影響が出ている（はず！）と感じることも多いのです。

当たり前のことをしっかりと確実にやり、それを通して子供たちと一緒に大きく成長していけるように、これからも努力していきたいと思います！

（2校目・女性教諭）

このような（自分の胸の内をちょっぴり打ち明ける）話は、本来であれば職員室などの場で放課後ざっくばらんに話せるほうがよいのかもしれません。しかし、日々の忙しさに追われ、ちょっとした時間に意見を交わす心の余裕がもてなかったり、わざわざ口にすることが照れ臭かったり…。

「昔は、職員室で教育について熱く語り合ったものだ」という話を、（特にベテランの先生方から）聞くことがありますが、それを現在の職員室にそのまま持ち込むことが、（できる、できないではなく）そもそもよいことなのだろうかという思いもありました。

それならば、（「語り合う」まではしなくとも）「読み合い理解し合う」ことはできるのではないか…そう考えてはじめたのが、このエッセイです。それが、先生方にとって、負担感としてではなく好意的に受け止められたことは、（最初は意外に思ったものの）「案外、みんな自分の感じ考えていることを誰かに伝えたいのかもしれないな」と思うようになりました。こうした教師の心情は、おそらく本校の職員だけではないのではないでしょうか。

翌年のテーマは「私が得意なこと&私が苦手なこと」。特に、「自分を語る」ということを意識して執筆してくださいと注文をつけてみました。

「大切なこと」

私の苦手なことは、人からの頼みごとを断れないこと。

講師依頼、原稿依頼…どんな依頼でも、余程のことがない限り引き受けてしまいます。

しかも、忙しいときに限って「依頼」はやってきます。

先輩方のお蔭でここまでこられたので、「恩返し」や「自分の番」や「お役に立てるのなら」と考え、納得するようにしています。

次に弱いのは、デパ地下、○○物産展です。普段買えない美味しそうな名産品に出合ってしまうと、つい買ってしまうのです。しかも、それだけでは終わりません。

売り場のお兄さんが、「こっちも美味しいよ」と言って、サッと味見をさせてくれます。遠慮しながらも手を出してしまいます。確かに美味しいのです。実は買おうかどうか迷っていた物で、多分そのことを見透かされていたのです。すかさず、「両方お買い上げいただいたらサービスしますよ」とか何とかうまいことを言うのです。味見もしちゃったし、断れなくなって「じゃあ」となってしまうわけです。

さらに、「折角来たんだから、買わなくてもいいから、まあこっちも食べてみて」とまた別のものを味見させてくれるのです。すると、「へえ、美味しいね」とつい口走ってしまうのです。「3つで○○円にしちゃいますよ」と私の弱いところを突いてくるわけです。

頭の中では必死に計算し、「ちょっと高いけれど、この値段でこれだけの美味しい物が手に入るのなら確かにお得だ」「今日1日で食べてしまうわけじゃないし、しばらくの間楽しめるし…」とか何とか自分に言い訳をしちゃって、まんまと「じゃあ」となってしまうのです。

店員さんにとって、私は恰好の「カモ」ということですね。勧められると、相手のことまでいろいろ考えちゃって、「まあいっか」となってしまうこの思考回路を何とかしなければと思っています。デパ地下と○○物産展はいまでも鬼門で、できるだけ近づかないようにしています。長くなりました。

さて、得意なことですが、すぐに思いつくのは、何でも自分の満足のいくまで、ハイクオリティを求めてトコトン熱中・没頭してやるということです。

このことが家庭生活で生かされていると思うのは、正月料理をつくるときです。大量のなますと金平ゴボウをつくるのが、私の役目です。

まず、包丁を研ぐことからはじめますが、大根や人参やゴボウの長さを揃え、細く均一に切り揃えることがおもしろくてたまりません。肩がカチカチに凝りますが、全く問題なし。できあがるまではノンストップです。

家内や親戚が上手に褒めてくれるので、いい気になって30年間も続けているというわけです。そう考えると、「褒められれば、木にも登る」ということが私の得意なことかもしれません。

デパ地下で断れないのは困りますが、○○依頼を断らなかったお蔭で、多方面でたくさん勉強させていただきました。人に説明することで自分の理解が深まるということがよく言われますが、確かにそうだと思います。

しかし、やる以上はハイクオリティにやり遂げなければ駄目だと思いますが。

みなさんの参考になりますかね？

このエッセイを書いた人はどんな教員か、みなさんは想像できるでしょうか?

実はコレ、当時の校長、齊藤純先生です。

頼みごとが断れないとか、物産展が鬼門、でも金平ゴボウをつくるのは得意…いずれも校長としての経営論どころか、授業づくりともまったく関係のない話です。

しかし、「管理職も研究同人」の言葉のとおり、私たち教師と同じ目線で文章をまとめてくれたことの効果は計り知れないものがありました。

私たち教師集団を「共に学び合い高め合えるチーム」としてまとめあげる管理職としての手腕が垣間見れられた一幕だったように思います。

その翌年のテーマは、「私の好きな教科等&授業づくりの肝」としました。

教科等にフォーカスしたのは、学習指導要領改訂を迎えるにあたって、各自が中心的に学んでいる教科等を再考する機会を設けたかったからです。専門性を活用しながら学校全体としてのレベルアップです。

「『生活科』が好きになりました！」

教員生活2年目に突入しました。昨年度の低学年担任から心機一転、今年度は中学年の担任をしています。

中学年に「生活科」はありませんが、私の好きな教科は「生活科」です。今まで特段好きなわけではありませんでしたが、昨年、先生方と研究させていただいて好きになりました。また、子供たちの成長を一番感じることができたから、ということも好きな理由の一つです。

生活科が専門でもない2年目の私が「生活科の授業づくりの肝」を記述させていただくのは恐れ多いことなのですが…「授業づくりの肝」は、「子供たちの思いや願いを活かし、見通しをもって授業づくりをすること」だと思います。

「しっかりできていましたか？」と聞かれると、むずかしいことがたくさんあったので、大きくうなずくことは残念ながらできません。しかし、心がけて行ってきました。思いや願いを予想して単元計画をノートに書き、実際にやっていくなかで、発言や活動の様子、かえるカード（振り返りカード）の記述の返事を書きながら授業に反映していき…ということを繰り返した1年でした。

返事を書くことは大変でしたが、2学期の秋の単元から最後の成長単元が終わるまで続けていました。「こういうことに気づいていたんだな」「次はこうしていこう」「〇〇さんは具体的にやったこと、できるようになったこと、これからやりたいことを書くことができるようになってきたな」と考えを巡らせる時間は、とても楽しく、また、自分自身が授業の見通しをもつためにも欠かせない時間でした。

「あきパーティーをしよう！」や「できるようになったことをつたえよう！」の単元では、保育園との交流活動がありました。

1年生の子供たちがやりたい活動と保育園児がやりたい活動は違う…そんななかで活動を決めていく話し合いはとてもむずかしいものでした。そんなときに子供の考えをつなぐ助けをする担任の役割を果たすためにも、子供の思いや願いを把握し、見通しをもって活かしていくことは大切なことでした。子供たちと決める視点をあらかじめ決めて話し合う、よいところを出し合って話し合うという方法を学んだのも生活科で、学級活動にも活かしています。

生活科で学んだことを、今年は初めての「総合的な学習の時間」に活かしていけるようにしていきます。研究紀要を読み返したり、先生方の授業を見て勉強していきます。わからないことが多々あり、相談させてもらうことも多いと思いますが、教えていただけると嬉しいです。

また、区教研は理科、小中一貫や教科研は社会に行ったり、体育のおすすめを聞いたり等、他教科のことも勉強中です。通常学級の特別支援教育（卒論で書きました！）や図書館教育も学生の頃から好きです。

どの教科も浅く広く…ではなく、どの教科も深く広く…学び、子供たちが楽しく学ぶことのできる授業ができるようにがんばります。気持ちだけにならないように努力します。

あっ！　パソコンのことでしたら、いつでも相談にのれますのでおっしゃってください！

（1校目・女性教諭）

教員2年目にして、ここまでしっかり授業について語ることができるのは、（もともともっている力もあるとは思いますが、それ以上に）日々の実践を通じて力をつけてきている証左です。それとともに、彼女の取組を温かく支えてきた先輩方の姿が透けて見えるようです。

このエッセイの取組も、すでに4年目に突入。

「へぇ〜、あの先生はこんなことを学級経営で大切にしているのか」

「なるほど、あの先生の授業は専門性に裏づけがあるんだな」

こんなちょっとしたことなのですが、普段何気なく接しているだけではわからない、教師としての個性を知り合える、これだけでも十分だと思います。そして、さらに、「自分を表に出すことが当たり前の職場」という、得難い学校文化の形成にもつながっていくように思うのです。

これが、私たちの考える（無形の）システムづくりです。

定例研究会の充実

本校は、職員朝会のない学校です。朝の時間は心の余裕をもって子供たちを迎えることを重視しています。

その代わりというわけではないのですが、子供が下校したあとの夕刻（16：30～16：45までの15分間）にさまざまな会合を設定しています。

［月曜日］生活指導夕会
［水曜日］各種部会や委員会、研究全体会、小中一貫教育の取組など
［木曜日］学年会

［金曜日］職員夕会

そして、火曜日が定例研究会です。研究の日常化を図る取組の一つです。内容は、2017年度は学年研とテーマ研、2018年度は学年研と教科研を設定していました（2019年度は、学年研に一本化）。

1　学年研

学年研の目的は、「生活科・総合的な学習の時間の年間指導計画や単元の活動計画の立案、学習指導案の検討、各学級での実践の報告などを行う」ことです。

そもそもなぜこのような取組を設けたのか…それは、総合的な学習の時間の研究が進み、充実する過程で生まれた弊害に起因します。

本校の総合的な学習の時間では、学年ごとに統一テーマ（たとえば、「食」「防災」など）を設定し、活動の具体は学級ごとに考えていきます。いわゆる「学級総合」に近いイメージです（生活科の単元でも、学級によって活動の具体が異なる実践になってきました）。

カリキュラムの見通しさえ立てば、目の前の子供たちの思いや願いに応じて、学年の枠にとらわれずに実践していけます。少しずつですが成果も生まれてきました。

その結果生まれた弊害が、学年内での学び合いの停滞です。お隣の学級担任に相談しようとしても、「それは各学級で考えていくことだから」と言われてしまったり、各学級ごとの実践の進行が異なるために、助言しようがない状況が生まれたのです。

そこで、各学級の実践を定期的に報告し合う機会を設けることにしました。それが、学年研です。

学年研では、1、2週間ごとに学年の担任が集まり、生活科や総合的な学習の時間での実践内容や今後の見通し、困っていることなどを報告し合います。

各学年・専科には、1冊ずつA5判のミニノートを配布し、報告を記録したものをまとめ、研究主任・研究副主任・管理職に回覧します。また、このミニノートは、職員室後ろのホワイトボード付近で保管し、いつでも誰でも閲覧できるようにしています。これが非常にうまくいきました。

「災い転じて福となす」ではないですが、弊害が起きたおかげで新たな取組が生まれ、結果として以前よりも互いの実践の違いを尊重・共有し、より深くディスカッションし合えるようになったのです。

このように、実践そのものの可能性を押し広げるのに「学級総合」は適していますが、それが学年や学校全体という広い視野から見てもうまくいっていると言えるようにするためには、それを支えるシステムが不可欠なのだということを私は学んだように思います。

2　テーマ研・教科研

テーマ研は、（「楽しい」授業を創造する一環として）教科等の枠を越えて授業改善を図るという観点から設定したものです。

年度当初、教師個々に個人テーマを設定し、それをもとに3人程度のグループを編成します。各グループは、それぞれの実践を基にテーマについて話し合ったり、研究発表のポスターセッションの準備をしたりします。

グループごとの共通テーマは、以下の9つです。

- 「見通しと振り返り」
- 「板書」
- 「発問」
- 「まとめ」
- 「思いや願い」
- 「かかわり」

● 「自分ごと」
● 「課題の作り方」
● 「教師の見通し」

会合のペースは、およそ1か月に1回。教科等の枠を越えて単元づくりや授業づくりについて話し合い、自分たちなりの改善点を見いだす取組です。研究成果は1枚のポスターにまとめ、研究発表会の場で「テーマ別ポスターセッション」を行い、参会者と語り合う取組も行いました（資料6）。

＊

2018年度は、新しい学習指導要領の趣旨や各教科等の内容理解を深める必要から、「テーマ研」を廃止し、新たに「教科研」を立ち上げました。

この会は、年度当初に選択した教科等に基づき、3人程度のチームを編成し、チームごとに新学習指導要領やその解説書を読み込んだり、学んだことを踏まえた実践を考えたりすることにしました。秋ごろと年度末には、チームが一堂に会して研究成果を交流し合う機会を設定し、学んだことを共有します。

資料６　研究発表会で公開したポスター（「板書」チームの例）

今までの話し合いの流れ

- 普段の授業から綿密な板書計画を立て、計画・実行・評価・改善のサイクルを繰り返し行い、児童に見やすい板書を目指すこと
- お互いの授業や板書を見合う機会を設け、評価したり、改善したりすること
- 各教科（教材）の特性に応じた板書を考えること（特に総合的な学習の時間または生活科）

私たちが考える理想の板書とは…

児童の思考が整理され、新たな気付きが生まれる板書（教科や教材など、それぞれの目的に応じた板書）⇒ そこで私たちは考えた…**４つのポイントで板書を考えよう！**

ポイント①
綿密な板書計画を立てる !!

ポイント②
１時間の授業の流れを示す！

ポイント③
思考ツールを活用する！

ポイント④
色使い、マグネット等の工夫！

その結果…児童の思考が見える！！

それぞれの実践 !!

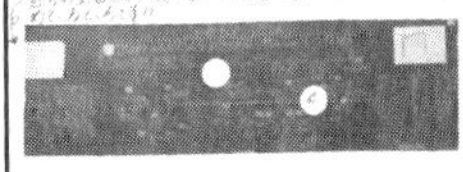

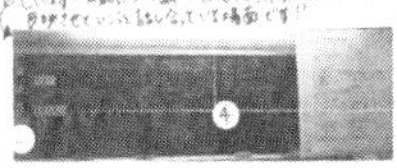

成果と課題

① 成果
- 教師は、自分たちが考えたポイントを意識して、板書することができた。
- 児童は、板書から授業の見通しをもったり、自分の考えをまとめたりすることができた。

② 課題
- 教師のねらいと児童の反応が必ずしも結び付いていない。
  ⇒ 板書だけではなく、授業の見通しや発問も合わせて工夫していくことが必要。
- そもそも板書は難しい…
  ⇒ 日頃からお互いに授業を見合って、改善を図っていく。

「学年研」「テーマ研」「教科研」など呼び名や研究対象は異なりますが、授業研究は総じて有用感と負担感とのせめぎ合いです。どのポイントでトレードオフするのが適切なのか、常に量的・時間的な調整が求められます。

たかが15分、されど15分。内心「不必要に自分の時間をとられている」と感じている教師だっているはずです。しかし、定例研究会については必要なものなのだと言い続け、削ることはしませんでした。それは、私たちの仕事のもっとも本質にかかわるものだからです。

ところで、「学年研」というと、「え？　学年会ですか？」と聞き返されることがあります。確かに名称は似ていますが、その実態は別物です。

いわゆる「学年会」は、学年運営について話し合う場です。授業の進捗確認、次週の予定のすり合わせといった連絡事項や学校行事への対応といったところが主だった活動内容でしょう。

この学年会を活用して、授業づくりそのものにフォーカスするディスカッションができればよいのかもしれませんが、話し合う目的が複数あると、どうしてもどっちつかずになり、結局は授業改善のほうが形骸化してしまう可能性が高かったのです。

そこで、私たちは学年会とは別の組織として「学年研」にこだわりました。授業の本質に特化した語り合える場を必要としていたからです。
たった15分間で、本当に話し合いを深められるのか、そんな疑問があるかもしれません。しかし、働き方改革が求められるいま、短時間で集中し、効率よく結果を出す取組が、組織として必要不可欠であり、そうすることで、一人一人の教材研究や授業準備の時間が保障されます。

本校では、この15分間の定例研究会に限らず、さまざまな会議が割と短時間で設定されています。研究関係の例で言えば、月に1回の研究推進部会（並行して生活指導部会・特別活動部会）や学習指導案の検討は45分以内です。

このように時間効率をあげるには、事前の策が必要です。たとえば、議題リストや学習指導案はあらかじめ配布しておき、各自で目を通してから会に参加することを義務づけています。ですから、当日になって資料を配付し、書かれていることを読み上げるようなことはしません。

特に、学習指導案を検討する際は、会がはじまるまでに目を通しておくだけではなく、コメントを入れて参加することもお願いしています。そこまでしてようやく、効率よく短時間で意義のある会にすることができます。

とはいえ、時間を延長して、話し合っている学年の姿もよく目にします。仕事への負担を感じてはいても、そこは教師。いったんディスカッションの口火が切られれば、授業についてお互いに意見を交わせることが楽しくなってしまうのでしょう。

授業を見合い、語り合う

日常的に授業を見合い、語り合うことは、一人一人の教師の授業力を高め合い、同僚性を構築し、学校文化を安定的に形成するという特性があります。それ以外にも、次のような効果を期待することもできます。

- 特別な支援が必要な子供の状況把握と迅速な対応策の立案
- （本来はあってはならないことですが）学級が崩れてしまい、担任が困っている状況把握と迅速な対応策の立案

私たちの学校では、研究授業といった特別の日だけでなく、常日頃から時間を見つけてはお互いの授業を見合うことを日常化しようとしています。しかし、そうではない学校のほうが多いことでしょう。隣の学級の授業に足を運ぶのは、（見られるほうはもちろん、

見るほうも）敷居が高く、抵抗感を伴う取組だろうと思います。

そこで、（ここでもツールとシステムの構築が重要なのですが）実際に授業を見合う敷居を低くする取組を紹介したいと思います。

その1つが2015年度に行っていた「自主学習会」です。

これは、「生活科の授業や総合的な学習の時間の実践で何か困っていることがあれば、私の教室に来てもらって一緒に考えましょう」という取組です。いわば、お悩み相談室のようなものです。

開催日は毎週木曜日、17時から30分間の設定です。「よろしかったら、いらっしゃってください」と先生方に声をかけていました。

この試みは、生活科・総合的な学習の時間のエキスパートが、上から目線で「教えて差し上げる」というものではありません。困っていることを共有したり意見を交わしたりすることもさることながら、その真の目的は、いずれはこの学校でもお互い自然な形で声をかけ合いながらお互いの授業を見合える環境することにありました。

生活科・総合的な学習の時間に対しては、苦手意識をもっている教師が少なくないことに気づいていました。なので、何人かは来てくれるんじゃないかと考えていました。

この環境を整えるには、段階があります。一足飛びに「先生の授業を見に行っていいですか?」「今度、私の授業を見に来られませんか?」などと、脈絡なく声をかけても、スーッと引かれてしまうと思います。「何を、突然言い出すんだ」と。

お互いに授業を見合える風土を醸成するためには、そのための土壌づくりからはじめないとうまくいかないのです。そのための「自主学習会」です。

まずは授業について率直に語り合える場をつくること、普段はなかなか自分から相談できない教師であっても、この時間のこの場所に行けば気軽に相談できるというシステムづくりです。そして、この場で話題になったことは、当時研究副主任として発行していた裏研究推進だより「レインボー」に掲載し、教師全員に配布していました。一教師の個人的な悩みを、教師みんなの悩みとして共有できるようにするためです。

次は、2015年10月に配布した「レインボー」第23号からの抜粋です。

〈第14回自主学習会　6年生との話し合いより〉

○K先生の「ちょっとおもしろくなってきたかも!」の一言が何より嬉しかったです。

○学年が一体となって授業づくりに取り組んでくださっていることに、何より感謝しています!　本時は、ゲスト・ティーチャーに聞きたいことを決めることが主な学習活動です。

○先を進んでいる6年3組の子供たちから出てきた意見をもとに、6年担任の4人で整理してみたことで、事前に思い描いたこととは違ったことに気づかれ、K先生が考えた本時案は大きく変わっていきました。またそれが、事前授業の子供たちの姿を見て、微修正するなどしてシャープになっていく過程が、私にとってはとても勉強になりました。

○本時案のピラミッド・チャートの真ん中からスタートするという思考ツールの選択・使い方は、このような過程を経て、6年生の先生方が考え抜かれたものです。

○前回の研究授業を活かして、今回もピラミッド・チャートの観点は子供たちとつくっていきます。その観点も動かないものではなく、授業を進めるなかでそれぞれの観点の重みづけが変わったり、追加されていったりするなど、子供たちとつくることを大切にした学習過程です。

○ゲスト・ティーチャーから話を聞くという活動は学年統一で実施していますが、活動そのものは学級ごとに異なっていきます。1、4組は体験施設への校外学習の計画、2、3組は防災グッズ・非常食の利用とうかがっています。複線型の活動となっているために、学年内での打ち合わせは大変ですが、子供たちにとっては自分で決めた活動なので意欲的で、隣のクラスと交流することの必然性も生まれています。

自主学習会は1年続けましたが、翌年度には意図的に廃止し、次の段階（ステージ）へと取組を移行することにしました。（お互いに授業を見合うための土壌をつくるという）本来の目的をクリアできたからです。

年度はじめの研究計画で次のように説明しています。

●昨年度まで行ってきた自主学習会は、毎週木曜日の夕方という形式を廃止する。
●教員相互の学び合いを日常化する取組を進めていく。
●職員室の背面黒板に、各学年の指導案検討や事前・事後授業の日時を掲示し、誰でも授業を見に行けるようにする（特に、研究主任・研究副主任は、なるべく参加する）。
●ほかにも、背面黒板を有効活用して、各学年の取組の状況を全体に可視化するようにする。

こうした取組をはじめる前まで、職員室の背面黒板には（おそらくは多くの学校がそうであるように）月行事予定が書かれていました。ここに改善点はないか問うことにしたのです。

月行事予定自体は、紙ベースで配布するか、データファイルで共有すれば、各自で自分の都合のよいときに参照できるはずです。そうであれば、この慣習を改変してもよいと考えました。そこで、校内に諮《はか》り、廃止のＯＫをとりつけて研究スペースとして活用することにしたのです。

新たに背面黒板に書くことにしたのは、以下のとおりです。

- 各学年の指導案検討の日時
- 各学年の事前・事後授業の日時
- 各学年の生活科・総合的な学習の時間の取組の概要

この3点を誰の目にも見えるようにすることの効用は、次の点にあります。

①誰かの授業を見ることとは、特別なことではないという意識の醸成
②自分の都合がつくときに見に行けばよいという気安さ
③自分の興味・関心に応じて見たい授業を選択できるという融通さ

この取組が浸透するにつれて、少しずつお互いの授業を見合える雰囲気が生まれていきました。また、研究推進部サイドとしても、各教室を気軽に回れる環境が整いました。

その結果、多様な個性をもつ先生方同士で、授業から学び合えるようになっただけでなく、

なかなかうまくいっていない先生が何に困っているのかを自分の目で確かめられるようになったのです。

授業を見て回った後は、研究推進だよりを活用して簡単なレポートにまとめ、先生方に配布します。

先週から、学校中をグルグルと回っています。1クラス5分間程度しかいないので、前後の文脈がわからず書いていることもあると思いますが、ご容赦ください…。

また、うかがったすべての授業について書くことができるわけでもありません…（それから！　教室に入ってきた松村への無茶ぶり禁止！↑フリじゃない！）。

【6の2社会（Y先生）】　ベスト5を当てるという活動を通して、調べる意欲を高めていました。自分で考える時間を確保したあとは、自由に席を立って友達と相談する時間をつくっていました。

【5の1社会（L先生）】　火山の場所を調べる活動では、火山とは何かという定義をはっきりとさせたり、教科書で調べている子供を紹介したりして、誰でも学習に参加できる状況を準備していました。「あとで班の時間をとるから」と、次の活動の見通しをもたせていました。

【6の1体育（K先生）】曲を聞かせたあと、それに合わせてマットのどのような技ができるかをグループで話し合わせ、子供たちの「早くやりたい！」という意欲を高めてから練習の時間に移していました。子供たちは、技のリストを見ながら男女関係なく技を見合ったり教え合ったりしていました。

【5の4（U先生）】自主学習についてフィードバックしている時間でした。子供たちのノートのコピーを黒板に「復習」「予習」「知りたいこと」「観察」「日記」などと分類しながら貼り、お互いに紹介していました。「〜年生の○○でもやったよね」と経験を想起させる声かけをしていました。

「レインボー」第5号（2016年5月）

２０１７年度からは、新たに「授業やります！コーナー」を背面黒板に設置しました（資料7、8）。これは、自分なりに「ちょっと自信のある授業」「工夫を試みた授業」「校内研究にかかわって多くの教師に見てほしい授業」などを自ら率先して公開する試みです。

２０１８年度に赴任された新しい校長も私たちの取組に賛同してくださり、さらに加速させてくださっています。各自の学習指導案や略案は、「Ｃ４ｔｈ（校務支援システム）だけではなく、紙ベースで教師全員に配布するように」と話されたことから、授業を見

資料７　職員室の背面黒板を活用した授業公開の告知

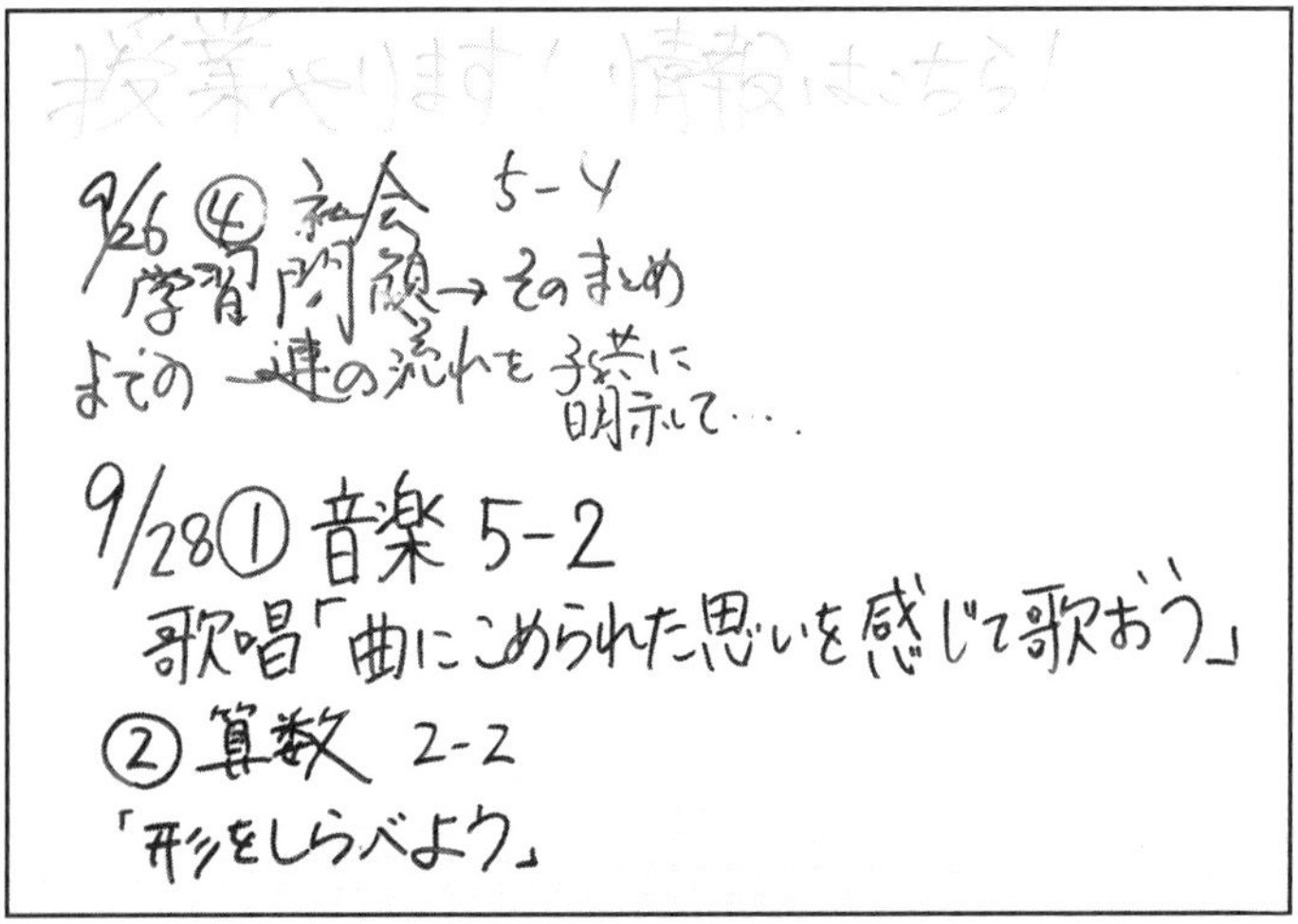

に行くハードルがさらに低くなりました。

校長自身もほとんど毎日いろいろな教室を回ったり、授業を見て感じたことをWebページに掲載するなどして、授業を見ることの重要性を、校長の姿勢で見せてくださっています。

日常的に授業を見合い、語り合う取組をはじめてから5年目、校内の雰囲気は確実に変わったように感じます。

特に、生活科や総合的な学習の時間については、校内で自主的に授業を見合う様子が数多く見られるようになりました。自分の得意な教科等の授業を自ら見てもらおうとする若手教師も増えています。

ベテラン教師に比べれば、（私も含めて）授業技術は拙いかもしれません。しかし、拙い

資料8　2017年度　校内研究ハンドブック

〈日常的に授業を見合い、語り合うための場の工夫〉

全教科で「楽しい」授業を実現するためには、研究全体会だけではなく、日常的に授業を見合い、語り合っていくことが必要である。したがって、以下の取組を充実させていきたい。
☆いつでも誰でもどの授業でも、教室をオープンにしよう！
★空き時間や低学年の６校時、ちょっと手の空いたときなどを使って、授業を見に行こう！
☆授業観察などの機会に略案を作ったときには、C4thに流そう！
★日々の授業の様子や子供たちの姿、その日に見た授業を、教員室で話題にしよう！
☆教員室後ろのホワイトボードの活用を推進しよう！

ながらも（むしろ、拙いからこそ）「どんどん新しい情報を手に入れたい」「自分なりに学んだことを実際に試したい」「そうしたチャレンジをいろいろな先生方に見てほしい」という欲求の高まりを感じます。

教師の席替え

最近、「これは非常に重要だ」と気づいたことがあります。それは、職員室の座席です。

一般的には、低・中・高学年と専科といった、いわゆる「島」を構成するように席を配置していると思います。以前は、私たちもそうでした。この慣習を、あることをきっかけに変えてみることにしたのです。

具体的には、学年ごとのかたまりは残しな

がらも、（管理職や教務主任の協力を仰ぎつつ）教師同士のつながりを重視した座席に変えてみました。たとえば、初任者はもちろん2、3年目くらいの若手教師のつながりを考える際は、ある程度の実力があり、かつ彼らが気軽に相談しやすい教師の席を近くに配置するという案配です。この目的は、ひとえに同僚の誰もが孤立しないようにするためです。

お互いの授業を見合う文化が醸成されると、誰もが自分の授業について語り合いたくなります。しかし、誰とでも語り合うわけではありません。では、誰となら語り合おうとするのか…それは、自分と気が合う同僚です。つまり、語り合う相手が固定化しやすいのです。

すると、その輪に入れない教師が生まれます。特に、自分からは積極的に自分の本音を言えない、あるいは何を聞いたらいいかがわからない若手の教師がそうです。ここに、教師を孤立させてしまう温床があるのです。苦い思いを経験した結果、ようやく私はこの大切な事実に気づきました。

私たち教師は、日ごろから子供たちの座席の配置について気を配ります。

「Aさんは視力が落ちてきたから、もう少し前の席がいいかな」

「BくんとCくんは、席が近いと授業中でも悪ふざけをしてしまうので、少し遠ざけたほうがいいかもしれない」

「なかなかみんなの輪にはいっていけないDさんは、面倒見のいいEさんが近くにいたほうがいいだろう」

席の配置一つで、教室内の子供たちの関係性や動線が、ガラッと代わってしまうことを私たち教師はよく知っています。だから、気を配るのです。そして、このことは職員室内の席の配置だって同じだったのです。

教師の場合には、学年間、分掌間、専門教科間でそれぞれ連携がクロスするので、すべての連携にとって望ましい席替えはできませんが、何を一番に重視するかです。それが、（繰り返しになりますが）孤立する教師を一人も出さない席替えなのであり、授業について誰か特定の教師との語り合いではない、誰とでも語り合える環境づくりだと私は考えています。

日常的に授業を見合い、語り合う成果

「松仙小は、どの教室も入りやすいね」

来校者からよくお声がけいただく、私たちにとって何よりうれしい言葉かけです。

こうした雰囲気が校内にあるのは、ただ教師ががんばってきたというだけではないと思います。授業を見られているのは、子供たちも同様だからです。彼らにとっても、自分たちの授業に担任の先生以外の大人がいることを、自然に受け入れられる（むしろおもしろがっている）土壌が生まれていることの証左でしょう。

わずか数年前までは、私が授業中に教室に入ると、「この人、だれ？　なんで授業中に入ってくるの？」という不思議そうな表情、あるいは懐疑的な表情をしていた子供たち。それがウソのようです。授業中にノートを覗くとあからさまに嫌な顔をしていた彼らが、いまではむしろ「もっと見てよ」といわんばかりです。

以下は、研究発表会で成果を伝えるために行った、本校教師を対象としたアンケートの調査結果です。

Q　校内研究の取組を通して、自分自身や目の前の子供以外に、学校全体が変わったと思うこと、保護者・地域が変わったと思うことはありますか？

○うまくいかないかもしれないおもしろい場面の授業を、当たり前のように研究授業で取り上げるようになった。

○他の学級や他の学年が、どのような学習をしているのか、授業を見に行ったり、見てもらえたり、授業について質問・相談したりしやすい雰囲気となった。クラス・カリキュラムでも目指す子供像が同じなので、学年として話ができ、コミュニケーションが濃密になった。

○一人一人が自分のことについて語ること「TRY!!」や、思考ツールを使った協議などを通して、自分のことを自分の言葉で語ることへのハードルが下がり、同僚性が高まった。

○協議会のやり方の変更などが細目に行われることで、違和感やうまくいかないことがあればどんどん変えてよいという安心感があり、「何のために」という視点からいろいろなことを見直して、意味のないものはなくしたり、意味が生まれるように指導を充実させたりすることが当たり前の学校になった。

「日常的に授業を見合い、語り合う」この取組の成果が、先生方の回答から見えてきたように感じて、とてもうれしい気持ちになったことを覚えています。

校内研─協議の展開方法

　提案授業・話題提供授業後の協議方法についても、さまざまな改善を試みてきました。ここでは、私たちがどのような手順で校内研の協議を進めているかを紹介したいと思います。

1　協議前

①授業が終わると、協議会場（図書室）に向かい（研究授業を行った授業者を除く）、くじを引いてグループ席につく（くじを使っているのは、毎回決まったメンバーとならないようにし、さまざまなタイプの教師の授業の見方に触れることで、視野を広げたり深めたりするため）。

②最初の15分間は、「個人の付箋記入」の時間とする（付箋は4色分用意）。最初の3色の付箋には、授業記録を見返しながら、「授業改善の3つの視点」（①時間的な視点、②空間的な視点、③心理的な視点）ごとに自分の意見を記入する。4色目の付箋には、本時以外の本単元にかかわること、教科等の特質とは直接かかわりのない授業一般のことなどについて記入する。

校内研の様子

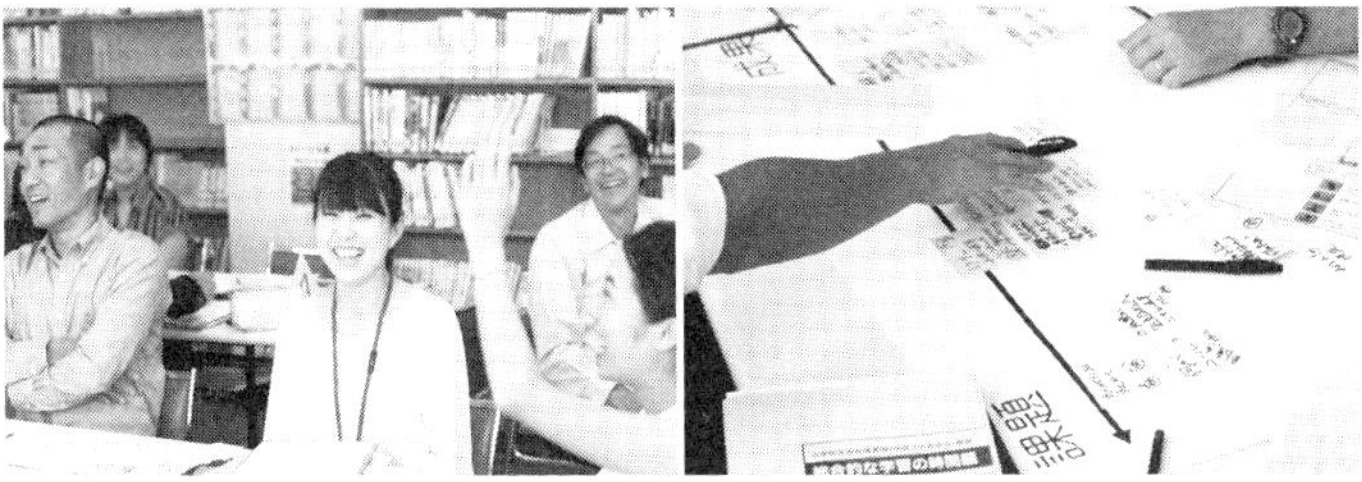

3色付箋に記入するにあたっては、以下の指針に基づいて行ってもらっています。

- 「楽しい」授業が実現されているかについて自分の意見をまとめること。
- 授業の事実、子供たちや教師の姿、発言、記述、表情、変容、かかわりといった具体的な根拠に基づくこと。
- 「授業改善の3つの視点」に基づくこと。
- サインペンを使用すること（よく見えるように）。
- 各付箋ごとに記名すること（「私」を大切にするため）。

このように、付箋の書き方を明文化しているのは、自分や他者の授業を適切に評価するために必要な授業の見方を共通理解するためです。また、「楽しい」授業の実現が、子供や教師の姿をよりどころとして自分の言葉で書かれているものがあれば、モデルとして「レインボー」等に掲載します。

〈子供や授業者の姿が分かる「☆キラリ☆」と光っていた付箋の紹介〉

【Y先生】出汁についての意見が出てきたところで、「味噌汁は、出汁って使っていないの？」と、出汁についてより考えさせる問いかけがよかった。

【M先生】意見が変わった子の意見ももっと聞いてみたかった。別の意見にすごくうなずいていた子もいたので。

【U先生】うどん派とごはん＋味噌汁派それぞれのセールスポイントについて考える際、自分の食生活を基に考えを深めているのだなと感じました。

【K先生】最後にWさん、「？」の項目をメモにとっていた。「調べてくる」と意欲的だった。

【S先生】見合うときに、メニュー名のメモにとどまる子が多かった。着目するとよさそうな点を書いた子がいたので、一声かけるとよかったか。

【T先生】うどん推しのKさんの振り返りで「自分では気づかなかっ

た主食のよさがわかった」…話し合いでの気づきがあった。

「レインボー」第28号（２０１７年12月）

２　協議序盤（グループ協議）

①成果と課題のスケールチャートが書かれた模造紙半分のサイズの紙を用意する。

②自分が書いた付箋を貼りながらグループ内で意見を交わし合い、ＫＪ法的手法を活用して分類して囲ったり、矢印などを使って関連づけたりしていく。

ここでは、付箋の色に関係なく話し合いを進めています。そうすることで、授業のある場面ひとつに着目していても、先生によって違う色の付箋、すなわち別の視点から授業を見ていることへの気づき、授業の見方の多様性を感じることができるようになるからです（この段階までは、全体で協議を進めるというより、時間を見ながらグループ単位で個別に進めていきます。本格的な協議を行う前段階の下ごし

らえといった案配）。

3 協議中盤

講師の先生や授業者が入室します。本校では校長による挨拶や講師紹介を行わず、（第1章でも述べたように）研究主任が協議の進め方や今日に至るまでの過程について手短に説明します（詳細な講師紹介は配布資料に記載）。

少人数のグループ協議であれば、（子供たちと同じで）放っておいても対話自体は盛り上がるものです。しかし、その協議に、教師にとって本当に必要な学びが生まれているかは別の話です。協議を通して本物の学びが生まれるにはひと工夫もふた工夫も必要で、ここからが本番です。

どんな方法が最適解なのか、いまだ試行錯誤ではありますが、現在の段階でベターだと考えているのが、「ラウンド・スタディ方式」を取り入れた協議です（資料9参照）。

資料9　ラウンド・スタディ方式のイメージ

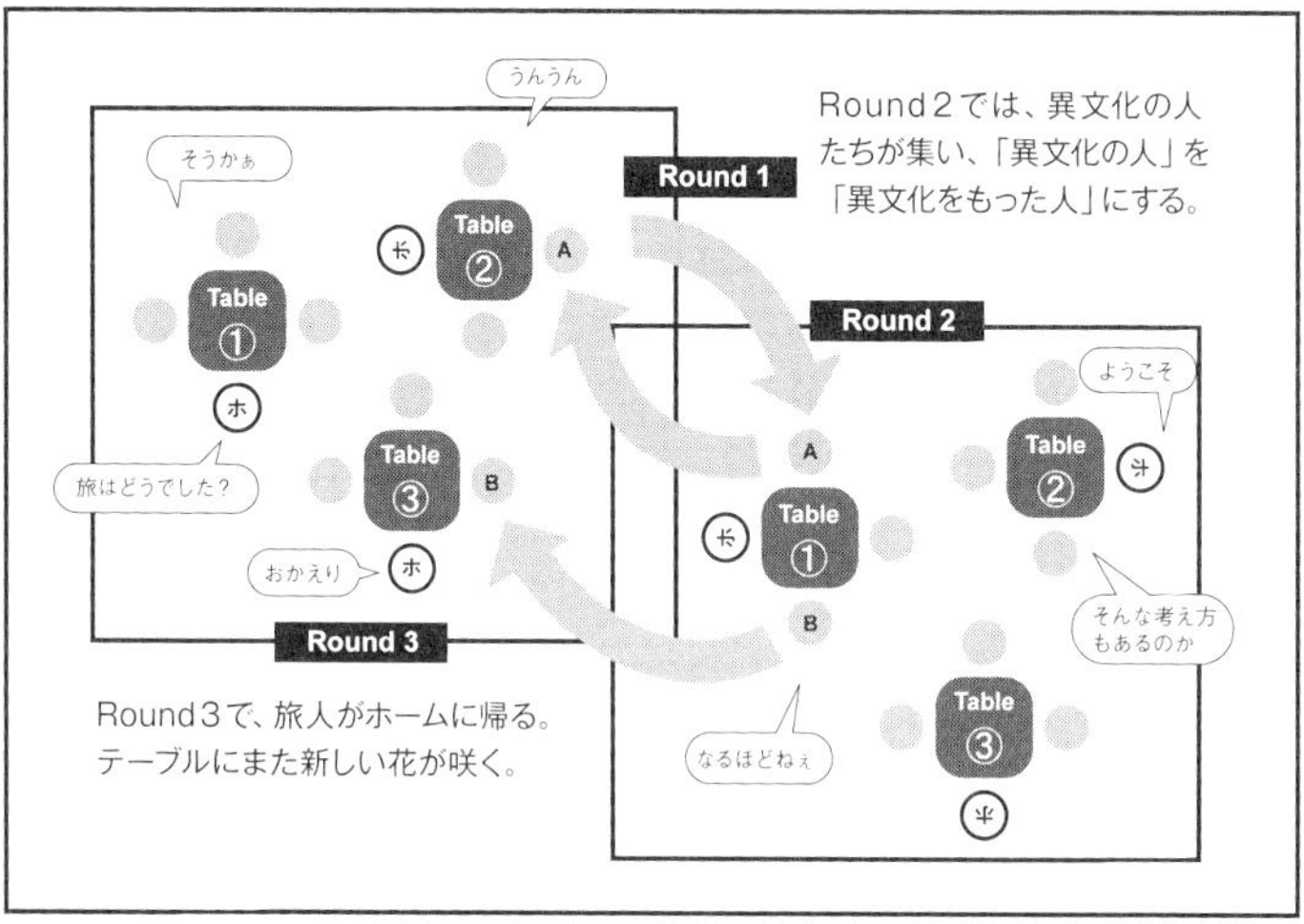

出展：石井英真、原田三郎、黒田真由美編著『Round Study―教師の学びをアクティブにする授業研究』東洋館出版社、2017年1月

①【10分間】グループで一人（ホスト）を残して、他のメンバーは各グループに分散する。そこで、ホストが模造紙を見せながらグループで話したことを説明したり、それを基に協議をしたりする。

②【10分間】元のグループに戻り、自分が得た情報を説明するなどして共有し、さらに協議を深めながら模造紙に意見を書き加える。数枚の短冊に、グループとしての意見を簡単にまとめる。

③【20分間】短冊を基に全体で意見を出し合いながら、それを分類したり関連付けたりして論点を明確にする。

4　協議終盤

講師の先生から指導・講評をいただき

ます。時間は25分。

「ちょっと短いのではないか？」と感じられる方もいるかもしれません。実は、以前までは45分もの時間を割いていたのですが、「講師任せになってはいないか」「講師の話を聞くだけでなく、自分たちでしっかりと議論したい」という声があがるようになり、現在の時間配分としました。

講師の指導・講評の後は、授業者が自分の授業や協議内容を振り返って語る時間となります（授業者自評を後回しにしている趣旨と効果については第1章を参照）。

5　協議の締めくくり

協議を終了し、講師が退席した後は、協議全体を先生方が振り返る時間となります。振り返りには、「リフレクションシート」（資料10）を活用します。

このシートには、授業者の授業がどうだったかを総括するのではなく、以下の内容を自由記述します。

●「今日の授業や協議を通じて自分が学んだこと」
●「これから自分の授業に生かすこと」
●「明日から実践してみること」

「リフレクションシート」の内容も「レインボー」で紹介したり、ファイリングして印刷室に置いたりするなど、みんなの目に留まるようにします。

〈みんなのリフレクションシート〉（分類して抜粋・要約）

【S先生】合意形成に向かうために自分はどんな手立てをしてきたのかを考えてみると、出ている観点で無理に決めていたことが多かったように思う。今回話題になった「組み合わせ」のような視点を広げることもしていきたい。

【K先生】どういった発言を取り上げるといいのか、授業ごとに考えていきたい。いや、いつも意識しているのですが、なかなかうまくいかないことも多くて…。

資料10　リフレクションシート

（　）月（　）日

校内研究　リフレクションシート

氏名（　　　　　　　　）

授業や協議会を基に、自分の実践を振り返り、自分が学んだことや自分の授業に活かすこと、明日から実践してみることなどを自由記述します。

____

____

____

記入・提出して、ご退席ください。

【M先生】「この時間に何ができたらよいのか」「何のためにどのような観点で決めていくか」をはっきりさせて話し合わせることをしっかりとおさえたい。

【U先生】特に、総合的な学習の時間については、単元の流れを十分すぎるほど理解したうえで進めていかないと、途中であやふやになってしまう。だからこそ、子供がどう発言するか、どう考えるかをしっかりと見通すことが大切だと感じた。

「レインボー」第28号（2017年12月）

今回紹介した協議方法は、あくまでも現時点のものです（実際、「リフレクションシート」も、2019年度は「授業改善宣言」と方法を改めています）。先生方のやりたいことや挑戦したいことが変われば、協議方法も柔軟に変えていきます。異動による出入りで、先生方の個性が変わったとき、あるいは子供の様子が変わったときなども同様です。

付箋の書き方ひとつとってもそうです。実際に書いてみて、読んでみて、それをもとに話し合ってみて、うまくいかなければ変えていきます。このような柔軟で多様な循環を担保できるツールとシステムをもっていることの重要性を痛感しています。

そしてこれが、私たちの考える「ＰＤＣＡサイクル」（カリマネの側面②）なのです。

第3章

教師の思考がアクティブになる研究発表会

研究発表会…気持ちのよい眠りに誘《いざな》うのは何か

多くの学校は、秋から冬にかけて研究発表会を行います。

それに参加するために、午後の授業をカットし、全教員で近隣の学校の研究発表会に参加するようにしている都道府県や区市町村があります。あるいは、教科主任等（1校から1人以上の参加の義務づけ）が代表して参加する場合もあります。しかし、伝え聞いたり自分の目で見ていたりする限り、大喜びで参加している方はあまり見かけないように感じます（もちろん、なかには、身銭を切って自主的に参加する教師もいます）。

実際、せっかく参加しても、研究授業では申し訳程度のメモを取り、協議や全体会では「Ｚｚｚ…」となっている姿も散見されます。

主催者側も、研究発表会へのモチベーションをあげられないことがあります。「今年度は、研究発表会の年です」と校長が話をすると、何となく下を向いてしまう先生がいることも確かです。

いざ研究発表会を行うとなれば、多大な労力と時間を必要とします。しかし、（たとえそれほどモチベーションがあがらなくとも）先生方は当日に向けてがんばります。ただ、残念ながら、がんばった割にはあまり盛り上がらず、「研究発表会って、そんなものでしょ？」と、そんな状況に慣れてしまっている場合もあるようです。

参加するほうも、（別に斜《はす》に見ているわけではなく）特別に得るものを見いだせず、「とにかく、参加した」という体《てい》で帰っていく…これでは、お互い徒労感ばかり残って、新たな学びをもち帰ることができません。

なぜそうなってしまうのか、十把一絡げに決めつけるわけにはいきませんが、おそらく次のようなところに原因があるのではないでしょうか。

●公開授業からはじまる研究発表会だと、その学校が何を大切にしているのかをわからないまま授業を見ることになるため、何を工夫しているのか、何が新しいのかがわかりにくい。
●配布資料（研究紀要など）と基調提案とがどう対応しているのか判然とせず、提案を聞いていても資料のどこを見ればよいのかがわかりにくい。
●学習指導案や研究紀要の分量が多くて、短い時間では読み通すことができない。
●自分なりに気づいたことや疑問に思うことがあっても、それを披瀝する機会がない。
●参観者同士で協議し合える場が用意されていない。
●全体会での講演が、講演者の話したいことを話す場になっている（その日の公開授業の具体が置き去りにされてしまう)。

研究発表会に限ったことではありませんが、自分たちなりに意味や意義を見いだせない取組を、「とにかくやらなければいけないから」という理由だけでこなすのであれば、私たち教師は確実に疲弊します。

私自身そうはなりたくなかったし、幸いにも校長をはじめとして多くの同僚も同じ思いをもってくれていました。そこで、本校が研究指定を受けたとき、抜本的に変えてみようという話になったのです。

研究発表会に向けては、前年度から研究推進部会で素案を練りはじめ、まずは「どのような研究発表会であれば、自分たちがやってよかったと思えるのか」お互いのイメージをもち寄ってみました。

実現可能性は二の次、三の次。「自分がいま一番やってみたい研究発表会」「自分が参加したいと思える研究発表会」というテーマで、各自A４１枚にまとめる。それを夏休みの宿題にしました。

その後、一人一人の案を要素ごとに分解し、整理しながらゴールイメージを言語化していきました（**資料1**）。

資料1 平成29年度 研究発表会のイメージ（たたき台）

○松仙小学校の「公立プライド×楽しい学校の創造」がもっとも見える形式で実施したい。⇒実践交流会へ！
・全学級の授業公開が勝負。児童にとって、確かな学びのある楽しい生活・総合の授業を実現し、公開する。
・参加した他校の教員にとって、少しでも役に立つものを得る会とするために、アウトプットする機会を準備する。
・本校の教員にとって、努力や工夫に対するフィードバックや交流の場のある、楽しい研究発表会にする。

	A 案	B 案	C 案	D 案
テーマ	相互交流＋シンポジウム型	相互交流＋分科会型	児童等参加型	分科会型
構　成	・研究の要点の説明 ・全学級の授業公開 ・全教員のポスター発表 ・個別の交流 ・シンポジウム （講師１～２名＋研究主任＋α？）	・研究の要点の説明 ・全学級の授業公開 ・全教員のポスター発表 ・個別の交流 ・学年別分科会 （グループ討議＋講師による指導）	・研究の要点の説明 ・全学級の授業公開 ・シンポジウムⅠ （保護者＋児童＋研究主任＋α？） ・シンポジウムⅡ （講師１～２名＋研究主任＋α？）	・研究の要点の説 ・全学級の授業公開 ・学年別分科会 （グループ討議＋講師による指導）
メリット	・密度の濃い交流ができる。	・密度の濃い交流ができる。 ・具体的なfeedbackがある。	・幅広い意見を聞ける。	・普段の校内研を体験できる。 ・具体的なfeedbackがある。
デメリット	・講師が全教室を回れるか？ ・参加者の偏りが生まれる。	・参加者の偏りが生まれる。 ・分科会の場所があるか？ ・６名の講師を確保できるか？ ・４学級の授業で協議できるか？	・参加者のOutputの場がない。 ・コーディネートが難しい。 ・具体的なfeedbackがない。 ・講師が全教室を回れるか？	・分科会の場所があるか？ ・６名の講師を確保できるか？ ・４学級の授業で協議できるか？

《「公立プライド×楽しい学校の創造」がもっとも見える形式の追究》

①全学級の授業公開で勝負―子供にとって、確かな学びのある楽しい生活・総合の授業をすべての学級で公開する。

②アウトプットする機会の準備―参加者にとって、少しでも役に立つものを得る会にする。

③楽しい実践交流会の実現―本校の教師の努力に対するフィードバックが生まれる会にする。

①は、その日限りの特別な授業にはしないという考え方です。

子供たちにとっては、研究発表会など関係ありません。どんな授業であっても、その1時間はいつもの1時間と同じなのです。たとえその1時間をスペシャルな授業にできたとしても、前後の授業とつながっていなければ、子供たちにとって「あの授業って、いったい何だったの？」となるでしょう。

だから、私たちは「研究授業なのだから、普段とは違う特別な授業をつくる」という考えを一切捨てることにしました。「いつもの授業を見せよう」と。

とはいえ、「何もしなくていいや、いつもどおりで」と考えていたわけではありません。研究発表会までにいつもの授業の精度を上げていこうと考えたのです。「どの授業であっても、常に勝負の時間」という、私たちなりの決意表明でした。

そこで、私たちはすべての学級の授業を公開することにしました。そうすることで、「授業力のある教師に公開授業をやってもらえればいい」というわけにはいかなくなります。若手教師も含めて授業の質をワンランクアップするというプレッシャーの渦中に全教師が身を置く、いわば背水の陣でもありました。

②は、参加者の満足度を向上させるための取組です。授業者を含めて語り合える場にすることで、授業を見て感じ取ったことをざっくばらんに発言できるように工夫しました。

＊

そもそも教師は話したがり屋です。にもかかわらず、協議の場では発言する先生が往々にして偏ります。それには理由があります。発言しやすい場になっていないからです。教室の場（子供にとって発言しやすい授業となっているか）と同じです。

お互いに話し合いやすい環境が必要なのは、子供も教師も変わりはないはずです。そこで、いかにして、授業者と参観者がざっくばらんに語り合える場にできるか…そのひとつの試みとしてテーマ別ポスターセッションを取り入れました（この試みについては後述します）。

③は、授業者を含め、開催側と参加者の学びを双方向にするための取組です。私たちがいくらがんばっても、発信するだけでは物足りない会となります。たとえ厳しい批判であっても参観者が感じ考えた学びをフィードバックしてもらいたかったのです。そこで、実践交流のような場にしようと考えました。

これら3つのゴールイメージを基に、当日の内容と流れを確定させていきました（資料2）。

資料2　2017年度　研究発表会のイメージ

〔松仙小学校の「公立プライド × 楽しい学校の創造」がもっとも見える形式の追究〕

①**全学級の授業公開が勝負。**
（児童にとって、確かな学びのある楽しい生活・総合の授業を公開する。）
②**アウトプットする機会の準備。**
（参加した他校の教員にとって、少しでも役に立つものを得る会にする。）
③**楽しい実践交流会の実現。**
（本校の教員にとって、努力に対するフィードバックのある会にする。）

構成の案

Ⅰ　研究の概要のプレゼンテーション
・生活・総合の授業を見るための先行オーガナイザーとしての役割を担う。
・授業の前に5～10分間で行い、参加者に授業を見る視点を提供する。
・全校放送、ビデオクリップ、リーフレットといった方法を検討中。

↓

Ⅱ　全学級の授業公開
・全学年において、学年内で同単元、学級ごとの本時案で実施する。
・学習指導要領の趣旨に基づく「普通の授業」を公開する。
・公立小学校で課題となる学年カリキュラムと学級カリキュラムのバランスについて提案する。

↓

Ⅲ　全教員によるポスター発表と実践交流
・全教員が一人1枚の模造紙で、校内研究で学んだことをポスター発表する。
・発表を聞いた参加者は、日頃の自分の実践の工夫や悩みなどを語る。
・自分の課題に基づく少人数のグループで、実践交流を行う。

↓

Ⅳ　「楽しい学校」をテーマとしたシンポジウム
・全学級の授業を見た講師1～2名と研究主任＋αで行う。
・当日の授業の写真やエピソードを取り上げ、研究発表会全体の一貫性を図る。
・保護者や児童へのインタビュー映像などを交え、多様な視点からテーマを考える。

基調提案、リーフレット

本校の研究発表会では、まず最初に（全学級授業公開の前に）基調提案を行いました。これは、私たちがどのような意図をもっているか、そのためにどのような授業にしたいか（見てもらいたいか）をあらかじめ知ってもらうことを目的としています。

これには、タイムスケジュールの工夫が必要です。授業公開の前に安易にくっつけると、会の開始時刻が早くなりすぎて、参会者の集まりが悪くなります。それでは、基調提案を行う意味がなくなってしまいます。

いろいろと検討した結果、受付を終えたら体育館に移動してもらい、全体会Ⅰ（20分）のうち、10分を基調提案に充てることにしました。

基調提案の具体的な中身は、主に次の３つです。

①本校の研究の概要
②本校の提案する学習指導案の形式
③本日の研究発表会の流れとその意図

基調提案

私たちは書籍形式の研究紀要をやめ、12頁構成のリーフレット**（資料3参照）**を作成して配布したのですが、これも基調提案の上記3つを10分間という短い時間でわかりやすく説明するためです。

重視した点は、本校が研究発表会を行うことの趣旨・目的を明快にすること、そして、リーフレットを参照しながら基調提案を聞くことで、各学級の授業を見る際の手がかりにすることです。また、リーフレットのほうが、親しみやすく読みやすいし、持ち運びも便利という利点もありました。

ただ、12頁では納められないものの、参観者にぜひ見てほしい資料もあります（第1章で紹介した「単元づくりガイドライン」や、巻末に掲載している「総合的な学習の時間　完全攻略本」など）。こうした資料は、本校のＷｅｂサイトにアップしておき、リーフレットに印刷したＱＲコードを使って、スマホやタブレットなどの携帯端末からアクセスできるようにしました。

また、このリーフレット自体も同じように電子データでＷｅｂサイトにアップしておくことで、参加できなかった方にも閲覧できるようにしています。

こうした私たちの取組に対して、参観者がどのような印象を抱いたのか、そのいくつかを紹介します（アンケートの自由記述を抜粋）。

「研究発表会全体の構成や時間配分がよく工夫されており、参加者にとってわかりやすくよかったと思います」（特に、公開授業前の基調提案とポスターセッション）

「研究主任の先生のお話とスライドから、松仙小の先生方のこれまでの道のりがわかりやすく、またその様子がありありと感じられ、授業を見るのが楽しみになりました。また、『総合的な学習の時間　完全攻略本』も閲覧しましたが、明日から使える資料だと思いました」

「基調提案が先にあり、それを基に参観させていただいたので、授業風景だけでなく、板書、教室内の掲示、廊下の作品につけているコメントなども、興味深く拝見できました。様々なところに、『楽しさ』につながるものがあってわかりやすかったです」

「研究発表会流れそのものが新しく、楽しく学ぶことができました」

研究推進部を中心とした研究方法等の不断の改善

● 学年会・分科会・研究推進部会での学習指導案の検討
会の前に学習指導案を配布し、コメントを入れて持ち寄ることによって効率的に学習指導案の検討を実施した。

● 研究推進だより等による学びの共有
研究推進部員を中心に、研究協議会の内容をそれぞれの個性を生かしながら再構成し、教師全員で学びを共有した。

● 協議内容・方法の見直し・改善
「何のため」に行うのか、「本当に必要か」という視点から各種慣例を見直し、名札・協議会次第・校長挨拶・副校長謝辞などは、撤廃した。教師としての資質・能力を向上させるために、講師紹介を含めた協議会のファシリテートは研究主任・副主任が行った。学習指導案検討時からの課題を、全体協議会での中心議題にするなど、毎回の授業の内容によって協議の中心議題を決定した。

14:40-15:45
全体協議・講師からの指導・講評

決められた方法ではなく、前回の協議会の課題、今回の授業に固有の課題などを踏まえて常々アレンジを加えている。これまでには、

①グループで代案を考えて、その妥当性を検討する協議会
②単元の学習内容について、学年の系統性や発展性、生活と総合的な学習の時間、理科や社会などとの共通点や相違点などを検討する協議会
③グループ協議の後、歩いて回り、他のグループの意見を踏まえ、本時について語る協議会 などを行った。

司会が議論をコーディネートしながら、全体でのディスカッションを十分に行った上で、講師の先生に指導・講評をいただくようにしている。

15:45-16:00
授業者の振り返り・自分自身の振り返り

授業の事実だけを基に協議を進めるために、自評を撤廃し、授業者は、協議会の最後に、自分の授業や協議会での話し合いなどから学んだことを、謝辞として述べることとしている。教師全員がリフレクションシート（右下写真）を記入し、自身の実践を振り返り、学んだことを明日の授業に生かせるようにしている。

資料3 研究発表会リーフレット（一部抜粋）

松仙小学校の校内研究の流れ

私たちはこうやって磨き合ってきた

学びの共有／内容・方法の改善

13:20-14:05
話題提供授業

本校では研究授業のことを話題提供授業と呼んでいる。年度当初は、研究主任・副主任が提案授業としてモデルを提示した。授業者の力量向上はもちろんのこと、1時間の授業を基に学び合うことを大事にし、参加する教師全員の力量向上を目指しているからである。

参観者は、児童の輪の中に入ったり隣まで近付いたりして、内側から授業を見るように努めている。また、児童の発言や様子、教師の関わりなどをしっかりと記録し、具体的な児童の名前を挙げて話ができるようにしている。

14:05-14:40
付箋記入・グループ協議

授業が終わると、協議会会場に移動し、3つの視点（P5参照）に沿って、生活・総合的な学習の時間の「楽しい」授業が実現されているかを、具体的な授業の事実や児童の姿を基に記入する。

グループ協議では、成果と課題のスケールチャート（右下写真）にそれぞれが書いた付箋を出し合い、KJ法的な手法を用いて似ている内容でまとめるなどし、マジックペンで囲ったりキーワードを書いたりすることを通して、今日の授業の成果と課題を明らかにしている。

テーマ別ポスターセッション

全学級授業公開の後は、「テーマ別ポスターセッション」(資料4参照)を設定しています。場所は体育館、時間は30分。これは、第2章で紹介した「テーマ研」の成果報告を踏まえ、参会者と授業者が公開授業についてざっくばらんに協議する場です。

研究発表会の第二次案内で、次のように趣旨を伝えていました。

《テーマ別ポスターセッション》

私たちは、授業力向上を目指して、年度当初に自分のテーマを設定し、それに基づいて、学年・専科という枠を越えた9つのグループ(見通しと振り返り、板書、自分事、発問、まとめ、課題のつくり方、思いや願い、かかわり、教師の見通し)をつくりました。

毎月1回、グループで集まって、生活・総合的な学習の時間に限らず日常の実践を持ち寄り、テーマについて考えてきました。その一端をポスターにまとめ、当日は、体育館に貼り出します。

御参会の先生方には、気になるテーマや御覧になった授業の授業者のところへ行っ

資料4　テーマ別ポスターセッション（「見通しと振り返り」チームの例）

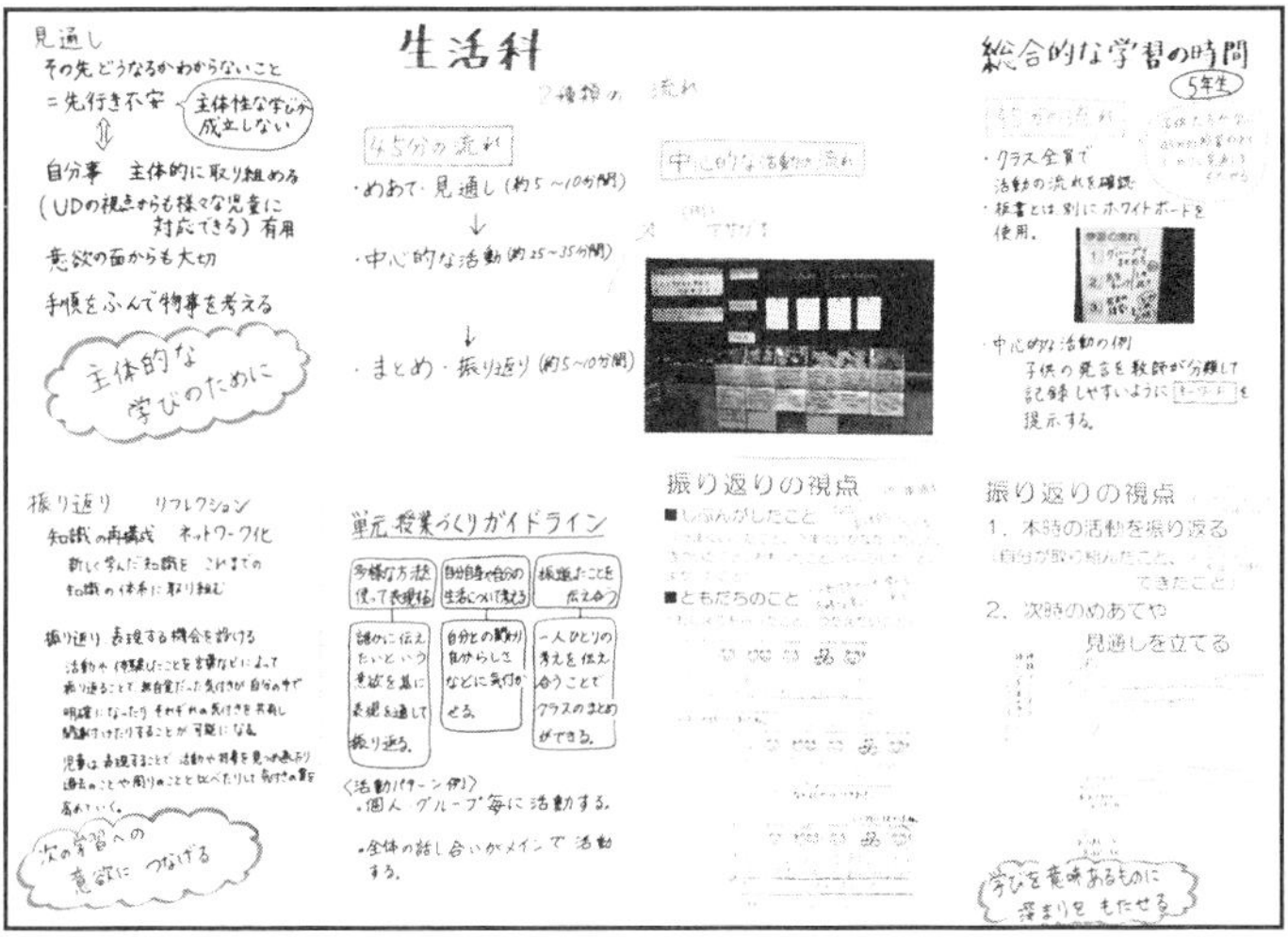

ていただき、テーマについて語り合ったり、授業の感想を交流したりしたいと考えています。

参会者が体育館をぶらぶら・うろうろしながら、自由にポスターを見て回ったり、授業者と語り合ったりする場を設けたことは、参会者にとって画期的だったようです。参会者の声を紹介します。

「テーマ別のポスターセッションでは、授業で気になったことを直接授業者に質問できたり、授業で課題だったところを考え合う場になったりして、学びの多い時間となりました」

「授業者の思いを聞くことができ、学びの

多い時間でした」

「先生方の視点や工夫されている点が明示されてわかりやすかった」

「同僚と切磋琢磨し合うことで、先生方が力をつけていることを感じました。一人一人の先生が役割を果たし、わかりやすい説明をしていました。校内研究は、子供たちのためにありますが、教師が力をつけるために大切であるということを再認識しました」

「他校では見たこともない取組でした」

参観者の感想を読んで感じたことは、「**授業について語り合いたいと思っている先生は、私たちが想像していたよりもずっと多い**」ということでした。その思いに応える研究発表会であれば、おのずと活性化することがわかってきたのです。

ちなみに、研究発表会の案内（資料5）はエディター（私の知人）、リーフレットはデザイナー（校長の教え子）に、それぞれご厚意も込みでつくってもらいました。いい意味で「学校っぽさ」がなくなったことで、「これまで見てきた研究発表会とはちょっと違うのかも…」という期待感をもたせることができたのではないかと思います。

通常であればお金がかかることなので、むずかしさはあると思います。ただ、案内ひとつとっても、グラフィックを工夫することで、単なるお知らせではなく、舞台のこけら落としの案内をもらったようなワクワク感を演出することができます。こうした周知の仕方についても、工夫できるとよいのではないかと思います。

子供の姿を素材にした「授業の見方」シンポジウム

研究発表会の最後は、シンポジウムです。時間は70分、テーマは「今日の授業は、子供たちにとって『楽しい』授業であったか？」です。

講師は、嶋野道弘先生（元・文教大学教授）、渋谷一典先生（文部科学省教科調査官）、畝尾宏明先生（千代田区教育委員会指導主事・当時）の３名でした（司会進行は松村）。子供たちの姿を素材にした授業の見方シンポジウムです。

講師の先生方には、公開授業の様子をデジカメで撮影してもらいながら参観し、テーマ別ポスターセッションの時間を利用して、シンポジウムで使用する写真を校長室で選んでもらいました。

シンポジウムでは、プロジェクターを使って、登壇者背後のパネルに学び合う子供たちの姿を１枚１枚映し出しながら、ディスカッションを行いました。

（裏）

全学級授業公開

生活

年／組	単元の概要	授業者
1年1組	秋の遊び	吉澤　美奈
2組		亀田　淳子
3組		大森　健史
4組		伊藤　早織
		上田　純子
5組		竹川　ちひろ
2年1組	町探検	名智　敦子
2組		菊地　礼華
3組		松村　英治
4組		高濱　裕子

総合的な学習の時間

年／組	学習課題	授業者
3年1組	町づくり	佐藤　敦子
2組		中曾　優美子
3組		白杉　亮
4組		高階　優希
4年1組	福祉	宮田　美保
2組		森田　冴美
3組		齋藤　隆径
4組		美濃　浩
5年1組	食	渡辺　直子
2組		佐藤　正史
3組		江坂　美紀
4組		三戸　大輔
6年1組	防災	木村　将
2組		村松　千恵子
3組		石川　琳太郎
4組		内山　清佳

シンポジウム

今日の授業は、
子供たちにとって
「楽しい」授業であったか？

シンポジスト　嶋野　道弘 先生
渋谷　一典 先生
畝尾　宏明 先生
コーディネーター　松村　英治（本校研究主任）

テーマ別ポスターセッション

私たちは、授業力向上を目指して、年度当初に自分のテーマを設定し、それに基づいて、学年・専科という枠を越えた9つのグループ（見通しと振り返り、板書、自分事、発問、まとめ、課題の作り方、思いや願い、かかわり、教師の見通し）を作りました。

毎月1回、そのグループで集まって、生活・総合的な学習の時間に限らず日常の実践を持ち寄り、テーマについて考えてきました。その一端をポスターにまとめ、当日は、体育館に張り出します。

御参会の先生方には、気になるテーマや御覧になった授業の授業者のところへ行っていただき、テーマについて語り合ったり、授業の感想を交流したりしたいと考えています。

アクセス・マップ

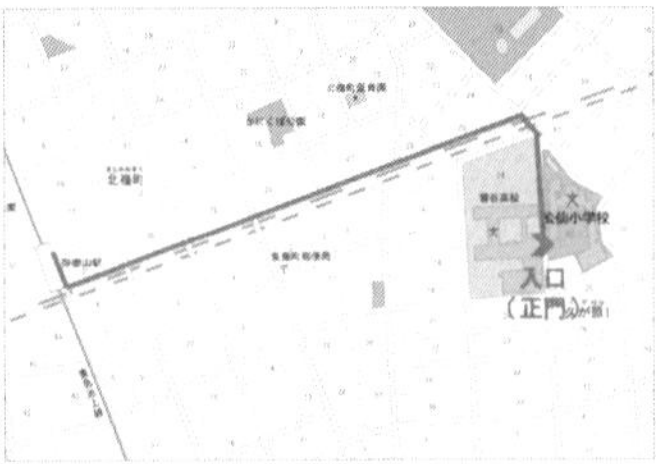

会場　大田区立松仙小学校　〒146-0085 大田区久が原1丁目11-1
東急池上線御嶽山駅より徒歩11分
03-3753-9141（問い合わせ先：副校長　萩原　洋明）

本校の研究紹介

http://academic4.plala.or.jp/shsne/index.html

本校Webサイトでは「研究のページ」を設けています！

校内で活用している資料や
当日の学習指導案など、随
時アップします。
どうぞ御期待ください！

資料5　研究発表会・第二次案内

（表）

平成２８・２９年度　大田区教育委員会教育研究推進校
研究発表会の御案内（第二次・最終）

平成29年10月31日(火)

講　師

嶋野　道弘 先生
（元文部科学省初等中等教育局教育課程課　主任視学官）

渋谷　一典 先生
（文部科学省初等中等教育局教育課程課　教科調査官）

畝尾　宏明 先生
（千代田区教育委員会子ども部指導課　指導主事）

スケジュール

13：00～
受付開始

13：20～13：40
全体会Ⅰ（基調提案など）

13：50～14：35
全学級授業公開（生活・総合的な学習の時間）

14：45～15：15
テーマ別ポスターセッション（授業についての協議を含む）

15：20～16：45
全体会Ⅱ（シンポジウムなど）

本研究発表会は、御参会の先生方の学びの場となり、明日からの実践に役立つことを少しでも得ることができるように、内容や流れを工夫しています。特に、全学級授業公開の前に、全体会Ⅰの基調提案を設定したのは、本校のこれまでの取組をお聞きになった上で、授業を御覧いただきたいという思いがあるからです。

本校が中心的に取り組んでいる生活・総合的な学習の時間は、一般的には、難しさや分からなさを教師が感じることが多いと思われます。それを乗り越えることを支えようとしている本校の取組について、ぜひ授業の前に御理解いただきたく、御多用のこととは存じますが、是非とも13：20の基調提案から御参加いただき、本研究発表会を「楽しんで」いただきますよう御案内申し上げます。

大田区教育委員会　教育長　津村 正純
大田区立松仙小学校　校長　齊藤　純

授業の見方シンポジウム

嶋野　この写真を見てください。

（4年生の学級、グループの話し合いに、担任もしゃがみながら加わって話を聞いている写真をプロジェクターに映し出す）

先生と子供、ナイスショットです。先生と子供の目線が同じですね。先生も実に楽しそう。同じ教室をつくる共同体なんですよね。だから、先生が楽しければ、やっぱり子供は楽しいなと思う。子供が楽しく取り組めば、また先生にも共鳴していくのかもしれない。

こういう楽しさのなかで本音が出たり、本当の感情が外に出たり、共有してきて、話題が深まってくるんじゃないかなと思うんです。この空間には「共感」「共鳴」の世界が生まれていると思います。

渋谷　単元の順番にクラスを並べ、子供の姿、表情をつないでみたいと思います。

（1年生5クラスの子供たちが、それぞれ活動する写真をプロジェ

参観者の様子

クターに映し出す。授業は、同じ単元の別の時間を公開していた）

これは、「秋のもので楽しく遊ぼう」の授業場面です。集めてきた秋の素材を使って、教室全体を巻き込んだダイナミックな活動でした。どんどん想像力が膨らんでいく、そんな姿が見られました。それも、友達とのやりとりを通して行われていく姿です。

この活動が、次の段階になるとどうなるのか。「秋の自然を使った遊びを考えよう」という教師の発問によって、子供たちから数多くの意見が生まれます。いったんはわーっと拡散していくわけです。それが、考えようというプロセスが生まれることで収束していくんですね。

このときに見られる子供たちの表情は、真剣さを帯びますよね。このような真剣な表情も、楽しい姿のひとつだと私は思うんです。笑顔だけが楽しさではないことを子供たちが教えてくれているように感じました。

畝尾　6年生の授業を見てみましょう。

（あるグループが、クラス全体の前で自分たちの考えを発表している写真をプロジェクターに映し出す）

　このとき、授業者がどこにいるかわかりますか？　そろそろ見つかりましたね。この先生は、この授業中ほとんど話をしていませんでした。子供たちのほうがどんどん課題をつかんでいくので、授業の進行を見守っているだけです。では、先生は何もしていなかったのでしょうか。

（次に、グループ発表で話された内容を板書している授業者の写真をプロジェクターに映し出す）

　この写真をご覧いただくとわかりますね。ちゃんとめあてを示しつつ、「今日の流れはこうですよ」と視覚的にも訴えています。のみならず、この板書はマトリックスになっていますね。このように思考ツールを活用しながら、子供たちの考えが明確になるように支援をしていることがわかります。

　名のある方々が、どのような視点をもって授業を見ているのか（観察しているのか）、参観者はもとより、企画した私たち自身にとっても興味津々でした。

「私は今日の授業を○○のように見て思うのだけど、それでいいのかな」

「ほかの人はどのような見方をしているのだろう」

壇上から会場の先生方の様子を見ていて、「教師はみな少なからずこうした疑問をもっているんだなぁ」ということがダイレクトに伝わってきました。このことはアンケート結果にもよく現れています。


「シンポジウムでは、実際の授業の場面を切り取りながら、講師の先生が解説してくれたので、1年生から6年生の活動の流れをより具体的に知ることができました」

「フリートークがわかりやすく、シンポジストが参加者に問いかける場面もあって主体的に参加でき、楽しく聞くことができる工夫がされていました」


授業の見方に正解はありません。だからこそ、いろいろな先生の授業の見方を知ることは、他者の授業を見抜く力を鍛え、ひいては自分の授業を改善する糸口となります。そうした教師のための学びのために、多少なりとも寄与できるシンポジウムだったように感じます。

授業者代表による振り返りと謝辞

「何のためにやるの？」と意味を問い続けながら企画・運営した研究発表会です。最後の謝辞も、（第2章でも紹介した校内研でのまとめと同じように）授業者の一人が（ほかの授業者を代表して）研究発表会を通して学んだことを伝えるほうが、私たちの思いが伝わるのではないかと考えました。

そこで、校長の謝辞の後、研究副主任の三戸先生に、この日までの思いや研究発表会を通しての学びを語ってもらい、その言葉をもって閉会したのです。

＊

「新しい時代の研究発表会であると感じた。
まず、セレモニーがない。
必要な内容や話し合いにたっぷりと時間をとっている。
子供たちの姿を中核にして、先生方が授業について語り合うことに熱中している」

参観者からのこのコメントを読んだとき、私たちは「思いが伝わった！」と感じました。ただただ目新しいだけではない、主催側も参観側も共に学びのある研究発表会であったことが伝わったのだと、達成感と満足感で胸がいっぱいになりました。

最終的にこうした研究発表会にできたのは、研究推進部だけの力ではありません。校長先生をはじめとする同僚の理解と協力、教育委員会や担当指導主事の尽力あってのことです。この場を借りてお礼申し上げます。

＊

本当のところ、どんな授業研究がベストなのか、いまもなお私たちは暗中模索の日々です。しかし、私たち教師の学びが充実すれば、子供たちの学びも充実するという一点において、私たちにブレはありません。

ただ、いくら授業研究が大切だといっても、働き方改革が叫ばれる今日です。あれもこれもと詰め込めば、いつか心か体がオーバーフローするでしょう。そうならないための、効率的で効果的な研究のカタチを考えていく必要があると思います。

創意工夫しなければ、教師の仕事は増える一方です。そもそもビルド＆ビルドになりやすい職場だからです。そうかといって、スクラップ＆ビルドも苦手です。「これまで、こんなにがんばってきたことなのに…なぜ、変えないといけないの？」と脊髄反射的に抵抗感を覚え、（よほどのことがない限り）スクラップすべきことさえも手放しにくいからです。

これからの教師の仕事を考えるうえで大切にすべきことはほかにあるように思います。

これまで大切にしてきた考え方や仕事を進める方法のなかから、「本当に必要なこと」「意味のあること」を洗い出して、ビルドインしていく（いまの自分たちに合うカタチに整形し直して元の器に組み込む）ことです。このような発想の転換が必要だと私は思うのです。

校内研究であれ、研究発表会であれ、その気になりさえすれば、きっとほかにもいろいろな工夫ができるはずです。来る人も招く人も共に、多忙感や徒労感ではなく、学び多き充実感と達成感を感じられる授業研究です。

そうすれば、（管理職が言い出さなくてもおのずから）同僚や他校の先生方に自分たちの授業を、きっと見せたくなるはずです。

いつの日か、「うちでも、研究指定を受けたい！」とも。

第4章

私の「働き方」改革

多くの出会いが、私を育ててくれた

私は学生時代、ある小学校で4年間ボランティアをしていました。子供たちの学習を手助けしたり、授業づくりにも参画させてもらったり、学校行事の準備を手伝わせてもらったりしていました。

小学校の教育活動を丸ごと学べるような経験です。そのおかげで、私は教師の道を歩むことを決めたし、教師になりたてのころの私のよりどころでした。しかし、実際は、何の根拠もない自信を膨らませていた時期でもありました。結局のところ、単なるプライド意識にすぎなかったのですが、当時はそのことにまるで気づいていませんでした。

初任として赴任した足立区立千寿常東小学校時代の話です。最初の2年間、私についてくれた学年主任の先生がいました。指導教員として、自信だけはあまりある私を上手に育ててくれました。これが、私の一番目の転機です。

毎週欠かさず一コマは私の授業を見る。コメントシートに「よかった点」7割、「改善点」3割くらいの割合で記述して指摘する（このコメントシートは、いまでも私の宝物。後輩を指導する際のお手本としています）。

授業や学校行事の進行を決めていくときにも、随所に私のアイデアを採り入れてくれたり、重要な役割（全体指導）を任せてくれたりしながら、私を育ててくれました。

実際、最高のＯＪＴだったと思います。しかし、当時は、そのことにまったく気づいていませんでした。学校を異動して、今度は自分が初任者と学年を組み、指導教員としての役割を担うようになってはじめて、そう思えるようになったのです。

もうひとつ、私にはうれしい転機がありました。それが他校から異動してきた相馬亨先生との出会いです。教員になって２年目のことでした。

その年の夏ごろには、ほぼ毎週のように空き時間を使ってお互いの授業を見合っていました。自分の感じ考えたことはＡ４１枚のコメントシートにさくっとまとめて手渡しました。放課後には、授業や子供たちについて語り合いました。

こうした取組を通して確認したことがあります。それは、「授業を見合い、語り合うという行為の継続は、自分の授業力向上のスピードを加速させる」ということです。

相馬先生と出会う前までも、自分なりに勉強したり、授業を工夫したりして、それなりの手応えを感じていました。しかし、相馬先生とのやりとりによって生まれた手応えとはまったくの別物だったのです。

また、同僚と授業を見合う実践は、自分の授業力向上うんぬんとは異なる意外な効果があることも知りました。

私の学級の子供たちは、相馬先生が授業を見にきてくれることを楽しみにしていました。担任である私が気づいていない自分たちのよさを褒めてくれた（価値づけてくれた）からです（逆に相馬学級であれば、私のほうが子供たちを価値づけます）。

教室に訪れない日が続くと、「今日も相馬先生（あるいは、松村先生）は来ないの？　せっかくいいところを見せたかったのに…」こんな声があがったことを、後でお互いこっそり伝え合っていたくらいです。

子供にとって教師は、常に評価者です。担任であればなおさらです。関係が近いからです。「担任の先生にはよく思われたい、嫌われたくない」という思いが、（子供にもよりますが）自分の素を見せることをためらわせるのです。

しかし、ほかの学年・学級の先生だったらどうでしょう。同じ教師ではあるものの、（気持ち的に距離が遠のくからか）子供たちの心のガードが緩みます。こうしたことが、担任には気づけない子供のよさ、おもしろさに、第三者だからこそ気づける理由だと思います。

そのような意味で、相馬先生の学級では私、私の学級では相馬先生は、子供たちにとって「もう一人の（裏の）担任」だったといえるのではないかと思います（授業を見合い磨き合う相馬亨先生との実践について詳しくは、相馬先生との共著『「学びに向かう力」を鍛える学級づくり』

2017年3月を参照)。

異なる学級の子供たちの様子がお互いにわかってくると、自分の学級だけではない子供の成長を心から喜び合うことができるようになります。お互いの胸襟を開いて課題を共有し、改善策を考え合えるようになります。

「全教職員で全校児童を育てる」と言います。私たちの挑戦は、その縮小版だったのではないか、そんなふうに感じています。

さて、ここまで初任からのおよそ3年間、私が学んだこと、導いてくれた先生方について触れてきました。幸運なくらい充実した教師生活でした。そんな生活に、(私自身のせいで)暗雲が立ちこめはじめます。

だんだんと、私の悪い部分が水面下から顔を覗かせはじめたのです。それは何か。自分の考えとは相容れない(と私が感じている)同僚への不満です。

周囲への不満、私の驕り

最初のうちは、私と相馬先生の二人で行っていた試みでしたが、やがてちらほら賛同者が現れはじめます。一人、また一人と、授業について共に語り合える仲間が増えていきました。ここまではよかった。

すると次第に、私たちの取組に賛同しようとしない先生方が気になりはじめます。

私たちと同年代の（これから力量形成を図っていかなければならない）若手であるにもかかわらず、私たちの取組にまるで興味をもとうとしない、「今度、授業を見に行きますね！」と言っておきながら一向に姿を見せようとしない、そんな先生方に対して苛立ちを感じはじめたのです。

私は当時から生活科や総合的な学習の時間を大切に思っていました。それに対して、一生懸命にやっていないように見える同僚に対しても、マイナスの感情を向けはじめました。「こんなに大切なのに、なぜちゃんとやろうとしないのか」と。

相馬先生は、私よりも7年ほど先輩です。普通は、若輩である私が一方的に教えを乞う立場です。それが、先輩と後輩といった感じを微塵も見せずに、私の助言を受け入れてくれながら、自分の授業（特に、総合的な学習の時間）を真摯に改善しようとしてくれていました。その姿を見るほどに、（やる気がないと私には感じられた）周囲の先生方に対する私の不満が膨らんでいきました。

結局のところ、私の不満の根幹にあったのは、私自身の驕りにほかなりません。しかし、当時の私はそれと気づかず、その不快な感情を自分ではもうどうすることもできずにいたのです。

そんな私に、第三の転機が訪れます。

吉田先生と三田先生

それは、日本生活科・総合的学習教育学会のシンポジウムのときのことです。教員3年目の秋のことでした。

テーマは「生活科・総合で育った学力～データ分析と実践成果からの考察」。学会による調査結果報告と、先進的な実践報告を聞いていました（日本生活科・総合的学習教育学会誌『せいかつか&そうごう』第22号で詳述）。それに対して、（驕り高ぶった当時の私は）次のように感じていました。

〝現場の実態とかけ離れている〟

〝先進的な実践ばかりでは学びようがない。現場の一般的な実践を高めることにこそ目を向けるべきだ〟

質疑応答の時間が来ると、私は真っ先に手を挙げて発言しました。

「生活科の授業では、教科書の単元ですら、ちゃんと実践されてはいません。飼育単元では、1匹のザリガニを飼育当番だけが世話をしているような状況も見られます。そもそも担任が生き物に興味がないために、子供たちが飼っていた生き物が次々に死んでしまい、どうにもならなくなったという話も聞きます」

すると、次の反論がありました。

「まず何より、学校でしっかりと年間指導計画を立てることです。計画に基づいて実践していれば、そのようなことにならないはずですよ」生活科の創設にもかかわられた吉田豊香先生の発言でした。

このとき、吉田先生が何を言っているのか、私には意味がよくわかりませんでした。というのは、「授業は、自校の年間指導計画に基づいて実践する」という意識のもちあわせがなかったからです。学生時代のボランティアを含め、私は自分の目にした授業の姿だけを信じ、自分勝手なイメージを膨らませて実践していたにすぎなかったのです。そんな当時の私です。

〝年間指導計画など、絵に描いた餅にすぎない〟

〝仮に、年間指導計画をつくったところで、ちゃんとした授業になるとは限らない〟

心のなかでそう思っていました。

しかし、（言うまでもなく）間違っていたのは私です。吉田先生の指摘は正しかった。年間指導計画のブラッシュアップが、校内での質の高い実践の共通理解を促すに決まっているからです。一晩たち、少しだけ冷静になった私は、自分の考えを再考しようと思い、自分なりに自校の総合的な学習の時間の全体計画をつくり直そうと思い立ちました。

ただ、そうはいっても、それまで何の根拠もない自信と、成り行き任せの勘だけを頼りに実践してきた私です。どのように計画を立てたらいいかすらわかりませんでした。

その足がかりがほしかった私は、当時から先駆的な実践をされていた三田大樹先生（当時は新宿区立大久保小学校に勤務）に電子メールを送ることにしました。大久保小の全体計画や、総合的な学習の時間にかかわる資料（データ）がほしかったのです。

三田先生からの返信には、次のことが書かれていました。そして、その言葉は、私の驕りを打ち砕く、生涯忘れ得ぬだろう一撃となりました。

先生の大変さがシンポジウムでのコメントから伝わりました。

校内の先生の一人ひとりが「よし！やるか」と思えるようになるといいですね。

松村さんの普段の学級経営の様子や組織における奮闘振りを、周囲は注意深く見ているはずです。

ときにはぐっとこらえることもあると思いますが、がんばってください。

次回お会いしたときには、ぜひ学校のよさ、子どものよさ、周囲の先生方のよさについてのお話を聞かせください。

これを読んだとき、どれだけ自分が恥ずかしい気持ちになったか、いまでも不意に思い出すことがあります。

「自分は誰よりもちゃんとやっている、がんばってもいる、なのに周りがついてこないのはおかしい」そう思い込んでいた私の顔が、自分の驕りを周囲への不満にすげ替えて、いかに自信満々の表情をしていたかを思い知ったからです…何と愚かだったことか。

「周囲を変えたかったら、まず自分が変わりなさい」

「周りが『やってみよう』と思ってくれるような自分になっているかを振り返りなさい」

三田先生のメールには、そんなメッセージが込められているように感じました。

確かに、自分の考えに賛同してくれる先生方はいましたが、それがなぜ広がっていかないのか、その本当の理由が明らかになった瞬間です。この日を境に、「今度は、隣の学級の先生の自慢、違う学年の先生の自慢ができる自分に変わっていきたい」そう決意しました。

本書ではここまで、授業を見合い、語り合うことの重要性を語ってきました。しかし、これは先生方にとってハードルが高いことです。それでもなお、その取組に意義を見いだし、あえて広めたいと思うのであれば、「自分にとって」ではなく、「周囲の先生方にとって」価値あるもの（とみなされるよう）にしていかなければならないのだとわかりました。

「とにかく、やれるだけのことをやってみよう」と思い立ち、すべての先生方を巻き込んでいけるような学び合う場をつくっていきたいと思ったのです。

教育のトレンド研究会

ちょうどそのころ、新しい学習指導要領への議論がスタート（中央教育審議会「初等中等教育における教育課程の基準等の在り方について（諮問）」）し、「アクティブ・ラーニング」「カリキュラム・マネジメント」「育成すべき資質・能力」といった用語が、教育界を席捲していました。また、ビジネス界を中心に、朝の時間を使ってスキルを磨いたり仲間と学び合ったりする「朝活」が流行していました。

そこで思いついたのが、「教育のトレンド学習会」でした。校内で、教育の最新情報などについて学び合う「学校版朝活」です。早速、当時一緒に授業を見合っていた相馬先生や村山先生に話したところ、とてもおもしろがってくれました。

資料１　教育のトレンド学習会

◎短期間・短時間で、教育のトレンドをざっとつかむ。

○平成27年２月〜３月　全15回
○週３日（原則として、火・水・木）、場所は１年２組教室
○朝活（７：15〜７：30）として15分間（報告５分、協議５分、予備５分）
○報告者は、Ａ４一枚（＋補助資料）にポイントをまとめる。

月日	テーマ	報告者
2/10（火）	育成すべき資質・能力を踏まえた教育目標・内容と評価（論点整理）	松村
2/12（木）	教えて考えさせる授業・先行学習	相馬
2/13（金）	道徳の教科化（特別の教科　道徳）	村山
2/17（火）	スタートカリキュラム・アプローチカリキュラム	松村
2/18（水）	授業のユニバーサルデザイン	相馬
2/20（金）	H20学習指導要領改訂のポイント	村山
2/24（火）	アクティブ・ラーニング	松村
2/25（水）	思考ツールを活用した総合的な学習の時間	相馬
2/27（金）	知識の構造図（社会）	村山
3/3　（火）	ESD（持続可能な開発のための教育）	松村
3/4　（水）	単元を貫く言語活動（国語）	相馬
3/6　（金）	体つくり運動（体育）	村山
3/10（火）	パフォーマンス評価・ポートフォリオ評価・ルーブリック	松村
3/11（水）	外国語活動（英語教育改革の五つの提言）	相馬
3/13（金）	初等中等教育における教育課程の基準等の在り方（諮問）	村山

☆参加者募集中です！（興味のある回だけでも！）
☆「資料だけちょうだい！」という方も歓迎します！

　そこで、**資料１**の要領で行うことにしました。

　テーマを決めるときに意識したのは、（教育の最新情報を共有することもそうなのですが）特に重視していたことは次のことでした。

●自分自身が知りたいと思うこと。
●気になってはいるのだけど、なかなか手をつけ

られていなかったこと。

すなわち、私たち自身が学びたいことを学ぶ場を自分たちでつくろうとしていたのです。年度末の忙しい時期でもありました。そこで、A4 1枚でレジュメをまとめるようにするなど、できるだけ負担感を軽減できるように努めました。私個人としては、生活科や総合的な学習の時間の授業づくり、スタートカリキュラムなどについて積極的に発信し、賛同を得る場にしたいとも考えていました。

この朝活は、これまで賛同してくれていた仲間だけでなく、少ない日でも5～6人、多いときには10人以上が集まる場になりました。

小さなお子さんのいる女性の先生方からも、「夕方だと保育園のお迎えや夕食の準備があるけれども、朝ならば」と好評でした。逆に朝は都合が悪いという方であっても、「資料だけでももらえる？」と言ってくれる先生も現れました。

どんな先生でも「学びたい」という気持ちに変わりはないことを私は学びました。そして、気持ちはあるのだけど、（家庭の事情などのために）自分の時間を思うようにもてない先生がいることも…（いま、自分も家庭をもち、改めて実感しています）。

余計なプライド意識や驕りを捨て（自分基準の一方的なダメ出しをやめ）、フラットでポジティブな気持ちで取組を模索できれば、その取組はちゃんと広がっていく。この事実は、私を勇気づけてくれたし、大きな転換期でした。

また、こうした経験は、千寿常東小から現任校に赴任してからはじめた「自主学習会」（第2章で詳述）につながりました。

日々の悩みを仲間と共有して一緒に解決策を考える、少しでもいい授業ができるように学び合える、こうした場をもてることが、私たち現場の教師にとってどれだけ励みになることか…。

最初のうちは、「たとえ誰も来てくれない週があっても続けていこう」と思っていましたが、ありがたいことにその心配は杞憂でした。「自主学習会」は、最終的に第28回まで行いましたが、私以外誰もいないという週はありませんでした（忙しい時期で人が集まりにくいときには、当時研究主任を務めていた佐藤敦子先生と熱く語り合う時間になっていました）。

信頼されるということ

現任校に赴任してからも、先生方には（授業を中心として）日々の仕事に対する充実感や達成感を味わってほしいと考えていました。その足がかりとなったのが、「スタートカリキュラム」に基づく実践です。

実をいうと、私は当初「スタートカリキュラム」なる新しい試みを自分の実践に取り入れることにためらいを感じていました。「これまで自分なりにやってきた実践でも十分うまくいっているのに、なぜ…」と。

その意識を変えてくれたのが当時の校長であり、「スタートカリキュラム　スタートセット」（国立教育政策研究所、2015年2月）の制作にかかわった、田村学先生をはじめとする先生方からのアドバイスです。

「とにかくも、やってみよう」と覚悟を決めました。結果、自分でも思いがけない成果、小1プロブレムを生じさせない以上の成果を体験することができました（実践の中身とその効果は拙著『学びに向かって突き進む1年生を育てる』で詳述）。

どれだけすばらしくとも、なかなか浸透しない取組というものがあります。なぜ、そうなるのか、理由はいくつか挙げられそうですが、そのひとつに、新しい取組に対する抵抗感があるように思います。自分発ではない試みを他者から要求されたとき、脊髄反射的に発動する抵抗感です。

「いままでやってきたことではだめなの？」

「ちゃんとうまくいっているのに、なんで変えないといけないの？」

こうした意識は、（教師だけではなく）誰にでもある自然な感情です。そうだからこそ、既存の何かを変える、新しいことに挑戦するときの足かせになるのです。そして、この抵抗感は、自分自身の力で払拭するのがとてもむずかしいものです。実際、私自身もそうでした。

「新しい挑戦への目に見えない一歩を踏み出すには、自分が信頼する他者の存在が必要なのだ」ということを、このとき私は学んだように思います。「あの人がそう言うなら、騙されたと思ってやってみよう」と思える信頼感です。いままで自分が大切だと考えてきたことをいったん棚上げにしてくれるきっかけを与えてくれます。

結局のところ、私たち教師が「これはうまくいった」「いや、うまくいかなかった」と判断する基準は、実践を通じて目の前の子供たちの成長を実感できたかにあります。その基準がブレさえしなければ、何をどのように挑戦しても、軌道修正できるはずです。

そして、もし子供たちの成長を実感できれば、（たとえ実践前には懐疑的であっても、後追いで）自分たちの取組に価値を見いだせるようになるのではないでしょうか。この実感のプロセスを経てはじめて、その実践は定着していくのではないかと思います。

それに、実際に試してみてうまくいかなければやめればいいのです。運よくうまくいけば、身の肥やしにすればいい。それくらいシンプルに考えたほうが、フットワークが軽くなります。

こうしたこともあって、私は、提案授業・話題提供授業のあった翌朝に、その授業の分析を配布することにこだわることにしました。

校内研の当日は、夜に反省会と称して飲み会があるので、その日のうちにまとめることはできません。そこで、翌朝5時に起きて、授業記録を読み返しながら分析し、「レインボー」（裏研究推進だより）をまとめます。

「松村がそこまでするなら、自分も研究をがんばってみようかな」

「松村がそう言うなら、生活科や総合的な学習の時間に挑戦してみようかな」

同僚の先生方にそう思ってもらいたかったのです。

スタートカリキュラムという新しい挑戦に対するためらいを払拭してくれた先生方のように、私自身が信頼される研究主任になりたいと強く思うようになっていきました。

そんな折にまとめたのが、次の授業分析です。

〈座標軸の2つの観点を子供たちが話し合って決めることの価値〉

〔5年〕総合的な学習の時間

チームで作る和食の献立決定に向けて

調べたことを座標軸で整理しながら検討する。

　私が見ていたDグループは、観点を決めるだけで8分間かかっていました。

「時間は？　30分くらい？」

「もうちょっと時間かけてもいいいんじゃない？　だってこんなに人がいるんだよ」

「コンロだって2つあるし…」

「炊飯器は？」

「先生、ごはんは鍋で炊くんですよね？」

「栄養は？　だってキャッチコピーにあるし」

「彩りがきれいだったらいいじゃん」

「おいしいとか栄養っていうのを入れたい」

「えー、だってまずい料理は付箋に書いてないよ」

「俺たちがつくったらまずくなるかもしれないじゃん」

「いま、そういうことを言うのはやめようよ」

「栄養っていうのを入れようよ」

「それがよくてもおいしさがよくないと…」

「だからまずい料理は書いてないんだって」

「栄養がいいって、わからないじゃない。だから色がよければさあ…」「時間は書かなくても考えておけばいいんじゃない？」…などといったやりとりを通して、時間のことは観点にはせず、「和やかな気持ち」「全体のバランス」の２つを観点として選んでいました。

私は、この（長い）８分間は、座標軸という思考ツールを子供たちが自分たちのものにするために必要な時間だったのだと思います。

子供たちに観点を決めさせるという実践は、賭けを伴います。質の高い観点を子供たちが選べるかわからないし、グループごとに観点が違えば、それだけ教師の支援も大変です。

しかし、子供たちが選んだ観点にはグループごとにこだわりや個性が見られました。そんな自分たちが決めた観点だからこそ、自分ごととして話し合う必然性が生まれたのではないでしょうか。

「レインボー」第22号（２０１５年10月）

この授業分析をまとめるにあたっては、私なりの問題意識がありました。それは、授業を通じて何を見るべきなのかということです。私たちにとってその何かは、子供の内、、、、奥から湧き出てくるもの（学びの発露）です。

研究授業がはじまると、教室の後ろに陣取り、ロッカーにもたれかかって授業を見ている人がいます。あるいは、メモもとらずに腕組をして授業を見ている人がいます。そうした人たちは、子供たちが少人数のグループに分かれて活動をはじめても微動だにしません。

それで果たして、授業によって生まれる子供たちの姿を見取ることができるのでしょうか。彼らは授業を見ているようで何も見ていないように感じます。傍観者として、ただ眺めているだけです。

かつて学生ボランティアとして学校に訪れた初日、校長先生（のちの初任校の校長）から、次のように言われたことをとてもよく覚えています。

「松村くん、授業は前から見るものだよ。子供たちの顔をよく見てごらん」

それからというもの、私はいまも授業を見るときはできるだけ教室の前のほうへ行くようにしています。参観者が多くて前に行けないときでも、側方からという案配。グループ活動がはじまったら、子供たちに近づきます。試行錯誤する様子や対話の内容を聞き逃したくないからです。

もちろん、教室の後ろ側から見るのがいけないということではありません。板書や教師の発問や指示をしっかり見たい場合には、後ろから見たほうがわかりやすいでしょうから。しかし、子供たちの発言や表情、仕草から彼らの学びを見取ろうと思ったら、断然前から見るほうがよいと思います。授業者と子供たちとの生き生きとしたやりとりも見ることができます。

このように、一口に授業を見るといっても、固定的ではなく、とても流動的です。人気のある先生の研究授業であれば参観者が多すぎて身動きがとれませんが（そもそも教室にさえ入れなかったりしますが）、校内研究であれば、（授業の進行を妨げない限り）縦横無尽に動き回ることができるはずです。

そして、子供の発言の様子は必ず徹底的にメモすること。とにかく細かく取っておかないと、協議の場で、子供たちの姿を基に語ることができません。これもボランティア時代の先生（おそらく教員5〜6年目）からの教えです。

「松村くん、メモするのはいいけど、ちょこちょこっとじゃだめ。指導案の余白では、ろくに書けないでしょ。ちゃんと授業記録用のノートを用意して、できるだけ多くの対話を書き取るようにしよう。そうでないと、あとから見返して自分なりに分析できないよ」と言われたことを思い出します。

教科等によって、あるいは自分の授業のどこを変えたいかによって、おのずと授業の見方は変わるはずです。ただ、生活科や総合的な学習の時間に限って言えば、（具体の活動や体験を重視する、子供たち自身で課題を設定し、その解決に向けた活動を重視する関係上）教師の指導がどうかという以上に、その過程や結果によって子供たちからどのような学びの姿が生まれたのか、その様子を追っかけていく見方が欠かせないように思います。

私はとにかく、同僚たちの授業を見て回っては授業を記録し、分析し、文章にまとめて翌朝に先生方に配布し続けました。こんなことを続けていると、何となく私の所作が伝染《うつ》るのか、授業をできるだけ前のほうで見ようとしたり、グループ活動では教室の間に割って入って食い入るように活動の様子を見たり、忙しくノートにメモをとったりする先生が増えていったように思います。

私の「働き方」改革

「松村さん、総合のことでちょっと相談したいことがあるんですけど、時間ありますか？」（自主学習会とかそういう決まった場でなくても）声をかけてもらえるようになってきました。ほかにも、単元の活動計画をつくってきて「ここの展開で迷っているんだけど…」、「この単元構想、どう思います？」、板書の写真をもってきて「次の授業はどういうふうにしていくといいと思います？」など、さまざまです。

このようなとき、私は必ず仕事の手をとめて話を聞くように心がけています。けっして「～ながら」では聞きません。どんなに忙しいときでも、あるいは突然声をかけられたときでも、目と耳をその人に向けて話を聞く。なぜなら、これはありがたいことだからです。

自分がうまくいっていないことへの助言を、誰かに求めるのは勇気が必要です。だから、もし全身で聞き取る姿勢を私がとらなければ、二度と相談には来てくれなくなるかもしれません。このことは、驕り高ぶっていた時期に学んだことのひとつです。

ただその一方で、弊害も生まれました。それは、自分の授業のための時間確保です。相談に来てくれる同僚が増えるのは心底うれしいことでした。ようやく、周囲が私を認め受け入れてくれたんだという喜びがありました。しかし、次第に自分のための時間がなくなっていき、終《しま》いには授業準備が間に合わなくなってしまったのです。

これでは、私の学級の子供たちに申し訳がありません。「これはもう自分の働き方自体を変えるしかないな」と腹をくくることにしました。

朝は、1日のうちで一番よく頭が働くといいます。何かを創造するのに最適だということです。この朝の1時間に、翌日6時間分の授業構想を練り上げ、必要に応じて教材づくりなども行います。

私は、もともと早めに出勤するタイプで、7時ごろに学校へ行き、前日の放課後に間に合わなかった準備をこの朝の時間に充てていました。しかし、それでは慌ててしまってうまくまとめられずにいました。

しかし、同じ1時間でも、その日ではなく翌日のための準備であれば余裕が生まれます。朝のうちに終わらなければ、その日の放課後に行えばよいからです。

また、放課後に繰り越されているとはいえ、朝のうちに、その日にすべきことはすべてリストアップされています。だから、時間は増えていないはずなのに、順番を入れ替えるだけで、やるべきことが短時間で終わってしまうのです。これが、朝のうちに翌日の授業を行うことの効用です。実際に試してみて、あまりにもうまくいくので自分でも驚いたくらいです。

「考えるのは朝、やり残した作業は夕方」というサイクルです。こうした仕事の仕方に変えたことで、放課後の相談ごともよりスムーズになりました。中断するのは作業であって思考ではないから、仕事を再開しやすいのです。「あれっ、さっきどうしようって思ったんだっけ…」ということにならなくて済むということです。

同僚とのよりよい関係を構築しようとして生まれた弊害が、結果的に効率的な自分なりの働き方を考えるきっかけとなりました。

なんともケガの功名といいますか…一口に働き方改革といっても、発想次第で何とかなる部分が、ほかにもきっといろいろありそうです。

資料２　意味を見いだせなくて「やめたことリスト」

○研究主題を設定するための話し合い
○協議前に行う授業者自評
○副校長による謝辞
○校長による挨拶と講師紹介
○「研究授業」という名称
○提案授業
○膨大なページ数の指導案作成
○単元の活動計画立案シート
○テーマ研
○教科研
○分科会と研究推進部の指導案検討を分けて行うこと
○指導案の印鑑（教員配布分）
○リフレクションシート（「授業改善宣言」に変更）
○リフレクションシートを打ち直すこと
○分科会提案
○講師へのお茶出し（ペットボトルの水に変更）
○指導案検討でその場で読むこと
○研究紀要の印刷（CD－Rにデータを入れ込むことにした）
○年度末の個人のエッセイ（実践に即した形に変更）
○単元の終わりまでに育ってほしい姿

＊

思えば、現任校に赴任してからの４年間と少しの間、研究に関係することのなかで、途中でやめた取組が数多くあります。

「途中でやめる」ことについては、自分が言い出しっぺであることも多いので、なかなか踏ん切りをつけにくいというのが正直なところです。

しかし、「何のために？」と問い直し、意味を見いだせないことはやめようという学校全体の雰囲気のおかげで、勇気を出せたといっても過言ではありません。また、自分が意味がないと思うことは、はじめからあえてやらないこともありました。

もしかすると、これまでの校内研究の経験を積み重ねてきた、特にベテランの先生方にとっては、違和感のあることも多かったかもしれません。しかし、温かく見守ってくださったおかげで、自分が正しいと思うことを自信をもって推進できたのだと思います。

常に見直し、常に改善。そして、授業という私たちの仕事の本質を第一に考えていく。これこそが、いま求められる本当の働き方改革なのだと私は思います。

おわりに―保護者も研究同人

教師は、日々学校で何を行っているのか…保護者や地域の方にとっては、ブラックボックスです。わが子（地域の子）の授業をしていることは知っているし、学校便りや学級便りなどを通じてある程度の情報を得ているはずですが、いまの授業で子供たちがどんなふうに学んでいるのか、その学びを実現するために教師は何をしているのかなどについては、きっと想像がつかないはずです。

近年では、授業参観だけでなく学校公開（授業公開）を行っているところが多いと聞きます。そのような意味では、昔よりも授業を見る機会は増えていると思います。ただ、公開される教科は国語や算数が多いはず。

そのため、社会科であれば、「暗記がたいへん」、あるいは「白地図に色塗りばかりしていたなぁ」というくらいのイメージのままではないでしょうか。生活科や総合的な学習の時間に至っては、よりいっそうイメージにしくいはずです。まして、よりよい授業を実現するために、「校内研究」を行っていることを知っている保護者など、おそらく皆無に等しいのではないでしょうか。

学校に通ったことがないという方は、まずいないでしょう。「私の小学校時代は…」などと自分なりの思い出を語ることは、どなたでも行えることです。では、「学校はどのような職場なのか」「先生方はどのように働いているのか」となると、話は変わってくると思います。何となく知っているようで、実際のところはほとんど知られていないように思います。

こうしたことが、学校の閉鎖性のごとく批判されることもありますが、別に私たちは何かを隠しているわけではありません。ただ、積極的に外に開く（説明責任を果たす）ことに対して、あまり積極的ではなかったということはいえるかもしれません。

この状況に対して、一歩踏み込んだかかわりができないものかと考えました。保護者や地域の人にも、（私たちと同じように）授業改善をめざす研究同人の一翼を担ってもらえないかと考えたのです。

そこで、２つのことに取り組みました。

1　ＰＴＡ広報誌を活用する

ＰＴＡ広報誌という以上、保護者が取材・編集するものなので、授業にフォーカスした記事が掲載されることはまずありません。多くは、遠足や運動会などの学校行事についてでしょう。これに少し手を加えられないものかと考えました。

PTA広報誌の強みは2つあります。

1つは、保護者目線で作成されるため、学校だよりと同じテーマを扱ったとしても、保護者や地域の人からの親近感が得られやすいということです。そしてもう1つは、PTA広報誌は割とお金をかけられるので、カラーで目を引いたり、写真を鮮明にしたりできるなど、視覚的に訴えやすいということです。

そこで、PTA広報誌の誌面で生活科・総合的な学習の時間の特集記事を組んでいただきました。編集に当たっては、私たちからの全面協力を申し出て、授業を取り上げてもらう意義について広報委員の保護者に説明しました。

この試みを行った年は、私たちが生活科・総合的な学習の時間に本格的に取り組みはじめた初年度で、子供たちの生き生きとした姿（写真）を中心に記事を構成してもらうとともに、教科等の新設・創設の趣旨、目標や内容などについて解説する文章を入れてもらいました。

2　保護者・地域を対象とした研究発表

研究発表会を実施した年度末、学校公開（土曜授業）の機会を活用し、授業を公開するだけでなく、保護者・地域の人を対象とした研究発表を実施しました。

この研究発表を行うに当たり、「地域教育連絡協議会」の場を借りて事前にプレ説明会を行うことにしました。当初は、研究発表会で用いたスライドをそのまま使おうと思っていたのですが、委員の方々から次のような厳しい指摘をいただきます。

「その資料では、用語一つとっても保護者や地域の人にはわからない」

「そもそも、なぜ生活科・総合的な学習の時間なのか、趣旨や背景も含めてしっかり説明しないと理解が得られない」

資料の全面的なつくり直しです。どう説明すれば保護者や地域の人たちに伝わるのか、私たち教師が当たり前に思っていること、行っていることの専門性や特殊性と向き合う取組となりました。

当日の保護者向け研究発表では、主に次の点に重点をおいて説明しました。

- 本校はなぜ、生活科・総合的な学習の時間を重視しているのか。
- 生活科・総合的な学習の時間にしっかりと取り組むと、どのようなよいことがあるのか。
- 子供たちにはどのような学び方を求めているか。
- いい授業の実現に向けて、私たち教師はどのような取組を行っているか。

発表の最後には、１枚の写真をプロジェクターで大きく映し出しました。グループでの話し合い、お尻を浮かせ、前屈みになっている子供たちの写真です。私たちは次のように説明しました。

この子は、一見すると姿勢が悪く、授業に対する態度もよくないかのように見えるかもしれません。しかし、そうではありません。周囲のクラスメートとの学びを深める対話に夢中になっている姿であり、自分なりの気づきを伝えたくて、ついお尻を浮かせて前屈みになっているのです。

本当にいい授業では、こうした子供たちの姿がそこかしこに現れます。お尻を椅子につけて姿勢よく授業を受ける姿もよい姿です。しかし、頭のなかのスイッチが入って、本気で考え、何かを思いつき、誰かに伝えたいと思ったときには、このように姿勢が崩れます。こうした姿を私たちは積極的に評価したいと思っています。もし、授業参観の折に、姿勢の悪い子を見かけたら（まして、それがわが子だったらなおのこと）授業への集中を切らしてだらけているだけなのか、それとも本気で考え抜いていた結果としての姿なのか、あるいはそこにどのような学びが生まれているのかを想像しながら、ぜひ授業を見てほしいと思います。

その後の意見交換の時間には、つぎのような発言が見られました。

「保護者会のときに、生活科・総合的な学習の時間の活動やそのねらいをもっと説明したほうがよいと思います」

「私の会社では、自分なりに考えて判断することがむずかしい若手が多い。ぜひ生活科・総合的な学習の時間をもっと推進してほしい」

「物事を整理したり分析したりする方法を、社会に出てから学ぶというのでは情けない。思考ツールは素晴らしいと思うのでもっと活用してほしい」

私が驚いたのは、お母さん方の意見もさることながら、お父さん方から多くの肯定的な意見をもらえたことです。会社での具体例なども挙げながら話してくださる様子を見ていて「生活科・総合的な学習の時間は、やっぱり実社会とのつながりの深い教科等なんだ」と改めて実感することができました。

「授業をつくる、改善する」という文脈をつくるとき、「子供と共に」という視点に加えて、「保護者や地域の人と共に」という視点も加えていければ、さらなる充実を期待できるのではないか、いま私はそのように考えています。

＊

２０１７年３月に新学習指導要領が告示され、「資質・能力」の育成や「主体的・対話的で深い学び」の実現に向けた授業改善、「カリキュラム・マネジメント」の充実といったキーワードが、『授業研究』に追い風を吹かせる一方で、「働き方改革」の波が押し寄せてきました。

しかし、いまこそ〝授業研究なのだ〟という気持ちで、より多くの方と思いを共有したいと考えながら執筆してきました。最後までお読みいただいたみなさんの読後感はいかがでしょうか？

本書を読むだけだと、本校が何だか理想的で素晴らしい学校に見えるかもしれません。しかし、実際にはそんなことはありません。

学級がうまく成り立たない、担任が途中で力尽きてしまう…その姿を目の当たりにして、自分自身、校内研究を通して取り組んできたことの本当の価値、本当の意味が問われたように思います。本当は、〝そんなことにならないようにするために、これまでがんばってきたのではなかったのか〟…そんなふうに思ったこともあります。

しかし、この苦い経験を経て、自分よりも経験の浅い同僚をしっかり支えることの大切さを改めて考えるようになったと思います。

東京都は、全国の先陣を切って、いまもなお大量採用時代真っ只中です。毎年、初任者が複数着任するのが当たり前です。希望をもって仕事に就いた若い先生方と、いかにつながりをつくり、授業を見合い、語り合い、支え合い、磨き合っていくか。これがいまの私のもっとも大きな課題であり、同時に最大のやりがいでもあります。

本書の制作が佳境に近づいた2019年4月末、私の元に訃報が届きました。本校が「楽しい」をキーワードに据えて校内研究に取り組むことにしたルーツである、生活科の初代教科調査官の中野重人先生が亡くなられました。

私は直接お会いしたことはありません。本のなかの言葉が語りかけてくる中野先生しか存じ上げません。けれども、本を通じて生活科への中野先生の熱意と温かな人柄を私なりに感じ取ってきました。

「中野先生はすごい人だった」

「中野先生がいなかったら、生活科はだめになっていたかもしれない」

これまでそんな言葉を、先輩方から幾度となく耳にしてきました。

中野先生が問いかけていたことは、単に生活科を守るというレベルではなかったのではないかと思います。「ガマンとガンバリばかりの学校で本当によいのか」「子供たちが生き生きと楽しむことのできる学校にするべきではないのか」ということだったのだと私は思います。

その意志を少しでも引き継ぎ、実現すべく、本校の校内研究を推進してきました。訃報を聞き、なおのことその思いを強くし、魂を確かに受け継ぎながら、時代にあった形を求め続けていこうと思っています。

学校に通う子供たちにとっても、学校で働く私たち教師にとっても、そして、学校を信頼し支えてくれる保護者・地域の方にとっても、自信と誇りのもてる楽しい学校づくりに向けて、今後も邁進していこうと思います。心よりお悔やみ申し上げます。

本書の制作にあたり、本校の荻間秀浩校長、齊藤純前校長をはじめ、２０１５年～２０１９年度の校内研究にかかわってくれた同僚のみなさま、何事にも前向きに取り組んだり、至らない点を助けたりしていただいたりし、本当にありがとうございました。

本校の児童と保護者のみなさまには、生活科・総合的な学習の時間を中心とする本校の校内研究の取組にご理解とご協力をいただき、感謝いたします。とりわけ、２０１７年10月の研究発表会の開催にあたっては、ＰＴＡ役員をはじめ、多くの保護者のみなさまにお手伝いいただきました。この場を借りて、改めて御礼を申し上げます。

　また、中心的な講師として温かくご指導いただいた元文部科学省主任視学官の嶋野道弘先生、文部科学省教科調査官の渋谷一典先生、研究発表会でもご指導いただいた畝尾宏明先生をはじめ、これまで本校の取組にご指導いただいた先生方、これまで私に温かくも厳しくご指導いただいた先生方に、感謝申し上げます。
　最後になりましたが、東洋館出版社の高木聡氏には、本校に何度も足を運び、実際に校内研究をご覧いただきながら、本書の企画の検討と編集にあたってくださいました。これからも、日本の教育の未来について、夢を熱く語り合いたいと思います。ありがとうございました。

令和元年6月吉日　松村　英治

Appendix

総合的な学習の時間
完全攻略本

巻末のｉ頁より逆向きにご覧ください

総合的《そうごうてき》な学習《がくしゅう》の時間

完全攻略《かんぜんこうりゃく》本2019

大田区立《くりつ》松仙《しょうせん》小学校

「総合的な学習の時間　完全攻略本《かんぜんこうりゃくぼん》」とは？

この攻略本《こうりゃくぼん》は、総合的な学習の時間に取《と》り組むときに、自分たちの力で学習を進《すす》めるための方法《ほうほう》やヒントをまとめたものです。まさに、総合的な学習の時間の「学びの地図」です。「学びの地図」は、マニュアルではありません。出発《しゅっぱつ》地点や到着《とうちゃく》地点はどこにするのか、どういう道を辿《たど》るのか、一直線で行くのか、行ったり来たりするのか…「学びの地図」の使《つか》い方は、学習するみんなに任《まか》されています。ぜひ、使いこなしてください。

目　次

さあ、総合的な学習の時間を始めましょう！

総合的な学習の時間は、こうやって学ぶ！

※ふりがなは、3年生以上で学習する漢字《かんじ》が初《はじ》めて出てくるページを中心に書いています。

さあ、総合的な学習の時間を始めましょう！

総合的な学習の時間では、
どのような力が身《み》に付くの？

これら３つは、これからの時代《じだい》を生きていくために必要《ひつよう》な力です。

①意味《いみ》を見いだす力（知識及び技能）

②学びを創《つく》る力（思考力、判断力、表現力等）

③すすんで関《かか》わる力（学びに向かう力、人間性等）

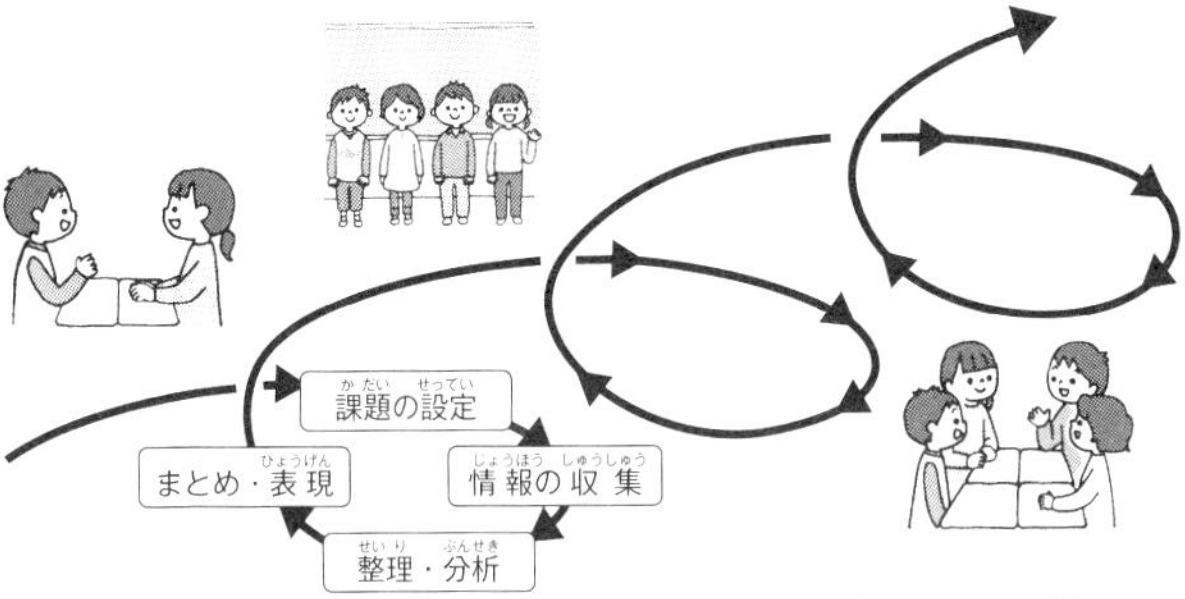

総合的な学習の時間では、
何を学習するの？

自分たちで決《き》めます！

- ✓ 自分たちの生活の中の「はてな」から、課題《かだい》を見付けます。
- ✓ 友達や身近な人々と協力することで、解決できることを選《えら》びます。
- ✓ １つだけの正解というのは、（実社会《じっしゃかい》にも）ありません。

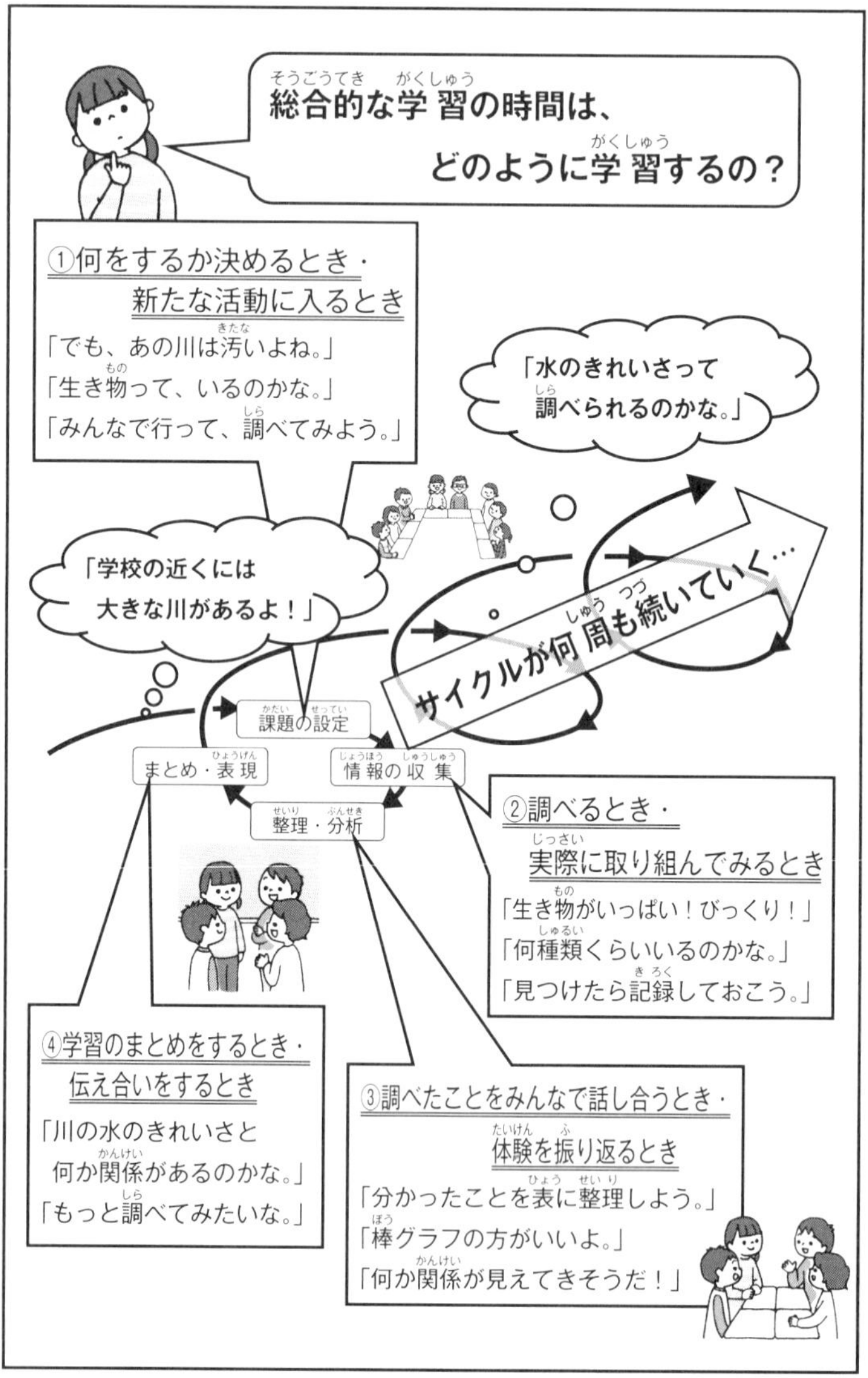
総合的《そうごうてき》な学習《がくしゅう》の時間は、
どのように学習《がくしゅう》するの？
①何をするか決めるとき・
新たな活動に入るとき
「でも、あの川は汚《きたな》いよね。」
「生き物《もの》って、いるのかな。」
「みんなで行って、調《しら》べてみよう。」
「水のきれいさって
調《しら》べられるのかな。」
「学校の近くには
大きな川があるよ！」
サイクルが何周《しゅう》も続《つづ》いていく…
課題《かだい》の設定《せってい》
情報《じょうほう》の収集《しゅうしゅう》
整理《せいり》・分析《ぶんせき》
まとめ・表現《ひょうげん》
②調べるとき・
実際《じっさい》に取り組んでみるとき
「生き物《もの》がいっぱい！びっくり！」
「何種類《しゅるい》くらいいるのかな。」
「見つけたら記録《きろく》しておこう。」
④学習のまとめをするとき・
伝え合いをするとき
「川の水のきれいさと
何か関係《かんけい》があるのかな。」
「もっと調《しら》べてみたいな。」
③調べたことをみんなで話し合うとき・
体験《たいけん》を振《ふ》り返るとき
「分かったことを表《ひょう》に整理《せいり》しよう。」
「棒《ぼう》グラフの方がいいよ。」
「何か関係《かんけい》が見えてきそうだ！」

何をするか決《き》めるとき・新《あら》たな活動に入るとき

ふだんの生活や、社会の様子《ようす》に目を向けて、自分の疑問《ぎもん》などを基《もと》に「解決《かいけつ》したい！」と思える課題《かだい》をもつことがより良《よ》い総合的《そうごうてき》な学習の時間につながっていきます。１つの課題《かだい》を解決《かいけつ》する中で、新たに分からないことや調べたいことが生まれ、次《つぎ》の「課題《かだい》」ができることもあります。

★ 課題《かだい》の手がかり～価値《かち》ある課題《かだい》はここから！～

課題の手がかり

- ✓ 日頃《ひごろ》、「気になるな」「何とかしたいな」「解決《かいけつ》したいな」「こうしたいな」「不思議《ふしぎ》だな」と思うこと
- ✓ 前時までの学習の振《ふ》り返りから
- ✓ 資料《しりょう》を比《くら》べて気付いたこと
- ✓ 地域《ちいき》の人や専門家《せんもんか》との交流《こうりゅう》で気付いたこと など

★ 課題の手がかりが見付かったら……

やり方①　２つの事実《じじつ》や資料《しりょう》を比べて課題《かだい》を決める

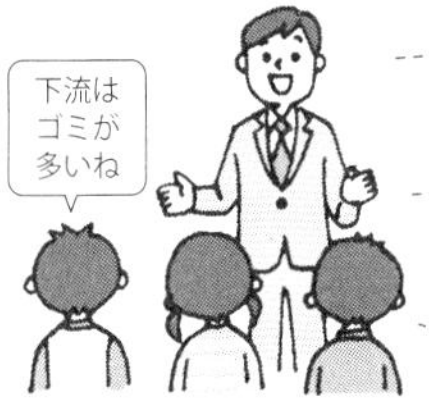

- ✓ **比《くら》べやすいものを選《えら》んで比べる！**
  「今と昔《むかし》の映像《えいぞう》」「２枚の写真」など。
- ✓ **友達と協力《きょうりょく》して考えを出し合う！**
  友達の発言《はつげん》から共通点《きょうつうてん》や違《ちが》いを見付ける。
- ✓ **他《ほか》の教科などの学習を生かす！**
  社会科や算数の学習を生かして資料《しりょう》を読み取る。

やり方②　気付いたことなどを付《ふ》せん・カードに整理《せいり》して課題《かだい》を決める

- ✓ **付せんには短《みじか》い言葉《ことば》で書く！**
- ✓ **１つの付せんには１つの内容《ないよう》を書く。**

- ✓ **説明しながら１枚ずつ付せんを出す。**
- ✓ **似た意見の付せんがあれば、そのときに出し合う。**
- ✓ **同じ内容《ないよう》で囲《かこ》んだり、名前を付けたりする！**

- ✓ **みんなで話し合って、課題《かだい》を決める！**

<table>
<tr><th colspan="2">やり方③　その他《た》の方法で課題《かだい》を決める</th></tr>
<tr><td>多くの疑問《ぎもん》の中から、大切なことを選《えら》び、課題《かだい》を決める</td><td>
✓ 課題《かだい》にすることを、付せんやカードに書き出す。
✓ 大切なことは何か考え、順番《じゅんばん》を決める。
✓ みんなでどういう基準《きじゅん》で順番《じゅんばん》を決めるか話し合って決める。
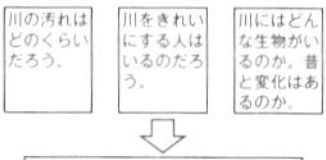

<table>
<tr><th colspan="2">調べることベスト３</th></tr>
<tr><td>1</td><td>川の汚れ</td></tr>
<tr><td>2</td><td>川の生物</td></tr>
<tr><td>3</td><td>川に関わる人</td></tr>
</table>
</td></tr>
<tr><td>ウェビングでイメージを広げてから課題《かだい》を決める

</td><td>
✓ 中心テーマを決め、その周《まわ》りにイメージすることを書き出し、線でつなぐ。
✓ 完成《かんせい》した図を見て、同じ内容《ないよう》を線で囲《かこ》んだり、関係《かんけい》するものを線でつないだり、大切だと思うことに印《しるし》を付けたりする。
✓ 完成した図を友達と見合って、話し合いを通して課題《かだい》を決める。

</td></tr>
<tr><td>グラフの変化《へんか》を読み取って考えたことを基《もと》に課題《かだい》を決める</td><td>
✓ 読み取りのポイント（例）
①変化の大きいところ
②変化の小さいところ
③変化の特徴《とくちょう》
④グラフから言えること
⑤全体的にどのようなことが言えるか、など
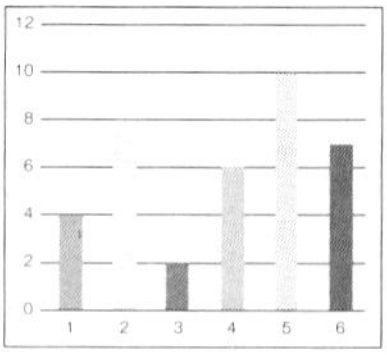

✓ 読み取った事実《じじつ》を基《もと》に、疑問《ぎもん》を見付けて課題《かだい》を決める。どうしてこのような変化《へんか》になったのか、これからどうするべきなのかを考える。
</td></tr>
</table>

調《しら》べるとき・実際《じっさい》に取《と》り組《く》んでみるとき

自分たちで決《き》めた課題《かだい》を解決《かいけつ》するには、調《しら》べたり、実際《じっさい》に取《と》り組んだりする必要《ひつよう》があります。そうすることで、分からなかったことが分かるようになり、課題解決《かだいかいけつ》に近付《づ》くことができます。

★どんな情報《じょうほう》を、どうやって集《あつ》めるの？

✓ **自分で**調《しら》べてみたいな！	→	✓ 本、インターネット、 ✓ 見学《けんがく》、体験《たいけん》、実験《じっけん》、観察《かんさつ》
✓ **区役所《くやくしょ》の人**に聞いてみたいな！ ✓ **詳《くわ》しい人（専門家《せんもんか》）**に聞いてみたいな！	→	✓ インタビュー ✓ 学校に来てもらい話を聞く ✓ 電話、メール、FAX
✓ **多くの人の意見《いけん》**を聞いてみたいな。 **他《ほか》の人**はどう思っているのかな！	→	✓ アンケート ✓ インタビュー

★「調《しら》べるとき」のポイントはこれだ！

流れ	すること	例（多摩川を調べる）
目的《もくてき》を考える	**何のために**情報《じょうほう》を集めるのか確認《かくにん》する。	多摩川《たまがわ》のことを町の人がどう思っているか確《たし》かめるために情報《じょうほう》を集める。
内容《ないよう》を考える	**何を調《しら》べるのか**はっきりと決める。	多摩川《たまがわ》に行くのはどんな時か、多摩川《たまがわ》の良《よ》いところは何か調《しら》べる。
方法《ほうほう》を決める	目的・内容に合う**調《しら》べる方法《ほうほう》**を決める。	多くの人に話を聞きたいから、アンケートにする。アンケートは地域《ちいき》の人に配《くば》る。
保存《ほぞん》の方法を考える	**これからの学習に役立つように**集めた情報《じょうほう》を取っておけるようにする。	アンケートの用紙を見て、その結果《けっか》をノートに書く。内容《ないよう》ごとに見出しを貼《は》って分かりやすくする。

★「調《しら》べるとき」の具体例《ぐたいれい》・ポイント

アンケートで調べる

【アンケートの例】

○○市に訪れた方へのアンケート
私たちは今、「○○市の魅力」についての調査をしています…。

① ○○市には、観光でお越しですか？
はい　　いいえ
② 何回目での訪問ですか？
初めて　（　）回
③ ○○市の魅力は何ですか？
自然、温泉、食べ物、文化
④ ③についてなぜそう思うのですか。

記述欄

✓ **短《みじか》く分かりやすい質問《しつもん》に！**

アンケートに答える人に分かりやすい文を書きます。友達と見合ったり、先生に点検《てんけん》をしてもらったりします。

✓ **短時間《たんじかん》で回答できるようにする！**

「はい」「いいえ」で答えられる質問《しつもん》や、いくつかの中から選ぶ形式《けいしき》を取り入れると良いです。

✓ **まずは答えやすい質問《しつもん》から！**

1問目などは答えやすい質問にし、意見や理《り》由《ゆう》を聞く場合は、最後《さいご》の方に設《もう》けると答えやすくなります。

ノートやファイルに調べたことをためていく

【ため方の例】

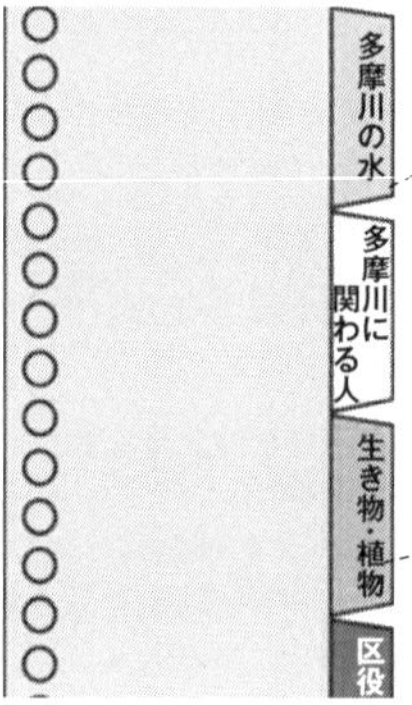

✓ **見出しをつけておく！**

見出しをつけることで、何ページに何が書かれているかはっきりします。**集《あつ》めた情報《じょうほう》を後で見返すときに分かりやすくなります。**

✓ **大事なところを自分なりにチェックする！**

集めた資料《しりょう》をそのまま取っておくだけでなく、**自分で大事なところだけを書いたり、色ペンで線を引いたりしておく**と、集《あつ》めた情報を使いやすくなります。

調べたことをみんなで話し合うとき・体験《たいけん》を振《ふ》り返《かえ》るとき

せっかく得《え》られた情報《じょうほう》もそのままでは、もったいない！

関係《かんけい》を見付《みつ》けたり、新《あら》たなことに気付《きづ》いたり、自分の考えを作ったりするために、みんなで話し合ったり、振《ふ》り返《かえ》ったりすることを大切にします。

★何《なに》をどのように「話し合ったり、振《ふ》り返《かえ》ったり」するの？

何《なに》を		活動《かつどう》の例《れい》
✓ 町の**特徴《とくちょう》や問題点《もんだいてん》**	→	✓ 付せんに書き出したものを**仲間分け**する
✓ スーパーのエコバッグの**利用率《りようりつ》**	→	✓ グラフに表して、**特徴《とくちょう》を見付ける**
✓ 商店街《しょうてんがい》のお店の**種類《しゅるい》**	→	✓ 地図にシールを貼《は》って、**特徴《とくちょう》を見付ける**
✓ 自分たちで作る和食《わしょく》の**メニュー**	→	✓ メニュー同士を**比《くら》べる**

話し合ったり、振《ふ》り返《かえ》ったりする内容《ないよう》によって、どう考えるかを決めていきます。

★活動《かつどう》のポイントはこれだ！

活動を振《ふ》り返《かえ》りたいとき

クラゲチャートを使って、しぜん研究所《けんきゅうしょ》について振り返る

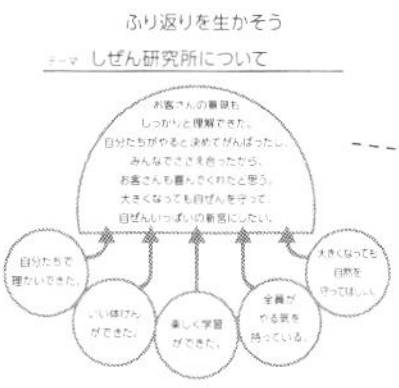

✓ **自分が感じたことや気付いたことから、考えをまとめる！**

活動《かつどう》したことや感想《かんそう》を下の足の部分《ぶぶん》（○）に記入し、上の頭の部分に、それを基《もと》にした自分の考えを記入《きにゅう》することで活動を具体的《ぐたいてき》に振《ふ》り返《かえ》ることができます。

調べたことを比《くら》べたり、仲間《なかま》分《わ》けしたりしたいとき

ベン図を使って、カイコとアゲハの特徴《とくちょう》を比《くら》べる

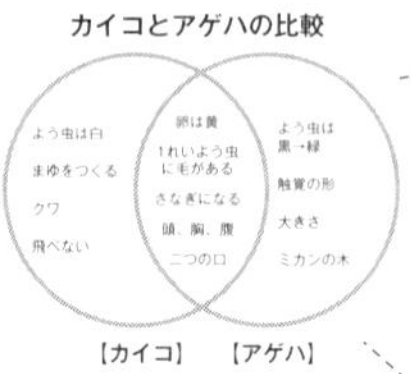

✓ 比《くら》べることで、同じことや違《ちが》いが分かる！

1つのものだけを調べるよりも、他のものと比べることで、そのものだけがもつ特徴《とくちょう》や他のものと同じことが見えてきます。

✓ 付《ふ》せんを活用しよう！

付《ふ》せんを活用すれば、別《べつ》の場所に動かしたい時に素早《すばや》く動かすことができます。付《ふ》せんに意見《いけん》や考えを書いておくと、話し合いもスムーズです。

Yチャートを使って、食品の産地《さんち》を分ける

✓ 分類《ぶんるい》することで、特徴《とくちょう》が分かる！

仲間《なかま》分けをしてみると、「このお店は○○からの食品《しょくひん》が多いね。」など特徴《とくちょう》がはっきりします。

より詳《くわ》しく考えたいとき

フィッシュボーンを使って、
白米《はくまい》について調べたことを書き出す

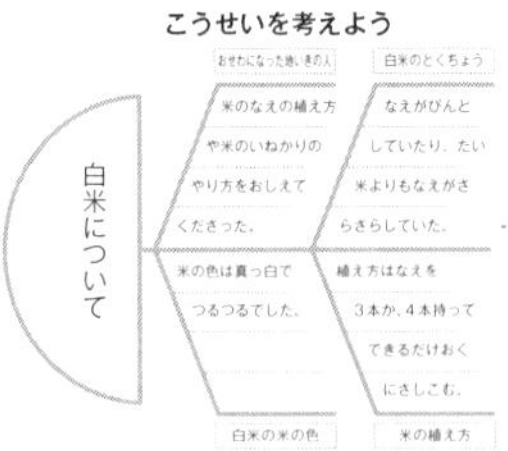

✓ 考えをはっきりさせたり、具体的《ぐたいてき》にしたりできる！

体験《たいけん》したことを発表したり、文章《ぶんしょう》にまとめたりする前に、フィッシュボーンを使って、考えてみると伝えたいことや書きたいことがはっきりします。

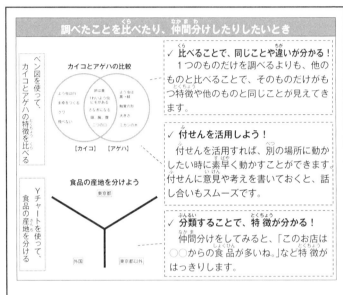

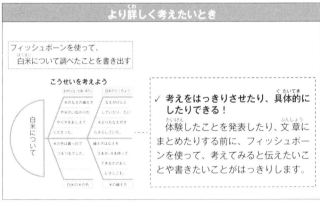

学習《がくしゅう》のまとめをするとき・伝え合いをするとき

みんなで、話《はな》し合《あ》ったり、振《ふ》り返《かえ》ったりした後は、学習《がくしゅう》のまとめをします。

学習《がくしゅう》したことをだれかに伝《つた》えたり、自分《じぶん》の考《かんが》えとしてまとめたりすることで、調《しら》べている課題《かだい》がよく分《わ》かったり、新《あら》たな課題《かだい》が生《う》まれたりします。これが、深《ふか》まりのある学習活動《がくしゅうかつどう》につながるのです。

★何《なに》をどのようにまとめたり、伝え合ったりするの？

何《なに》を	どのように
✓ 本《ほん》やインターネットで**調《しら》べて**分《わ》かったこと ✓ 友達《ともだち》との**交流《こうりゅう》、話《はな》し合い**を通《とお》して分かったこと ✓ ゲストティーチャーの**話、質問《しつもん》**から分かったこと ✓ 実際《じっさい》に**やってみて**分かったこと、**体験《たいけん》してみて**分かったこと ✓ これまでの学習《がくしゅう》の**感想《かんそう》・振《ふ》り返《がえ》り** ✓ 学習《がくしゅう》を通《とお》した自分の**成長《せいちょう》・変化《へんか》** など	✓ 振《ふ》り返《かえ》りカードを書《か》く。 ✓ 保護者《ほごしゃ》や地域《ちいき》の人を招《まね》いて発表会《はっぴょうかい》をする。 ✓ プレゼンテーションソフト（パソコンの画面《がめん》）を使《つか》った発表会《はっぴょうかい》をする。 ✓ 新聞《しんぶん》、レポート、パンフレット、ポスターを作《つく》る。 ✓ 立場《たちば》を決《き》めて話《はな》し合ったり、友達《ともだち》と議論《ぎろん》したりする など

★「まとめをするとき」・「伝え合いをするとき」のポイントはこれだ！

振り返りを書くときのポイント

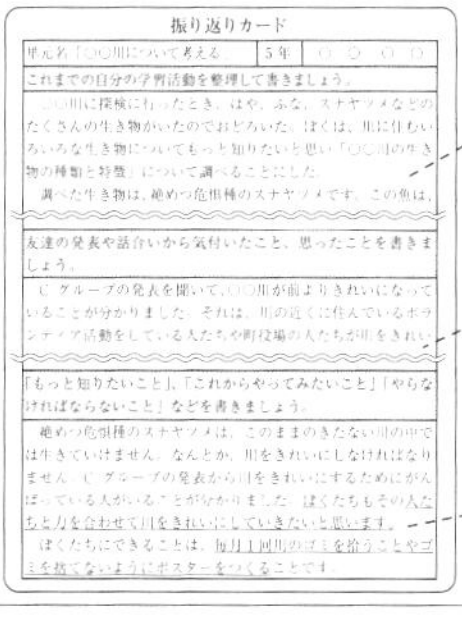
振り返りカード

単元名「○○川について考える」	5年	○ ○ ○ ○
これまでの自分の学習活動を整理して書きましょう。		
○○川に探検に行ったとき、はや、ふな、スナヤツメなどのたくさんの生き物がいたのでおどろいた。ぼくは、川に住むいろいろな生き物についてもっと知りたいと思い「○○川の生き物の種類と特徴」について調べることにした。 調べた生き物は、絶めつ危惧種のスナヤツメです。この魚は、		
友達の発表や話合いから気付いたこと、思ったことを書きましょう。		
C グループの発表を聞いて、○○川が前よりきれいになっていることが分かりました。それは、川の近くに住んでいるボランティア活動をしている人たちや町役場の人たちが川をきれい		
「もっと知りたいこと」、「これからやってみたいこと」「やらなければならないこと」などを書きましょう。		
絶めつ危惧種のスナヤツメは、このままのきたない川の中では生きていけません。なんとか、川をきれいにしなければなりません。C グループの発表から川をきれいにするためにがんばっている人がいることが分かりました。ぼくたちもその人たちと力を合わせて川をきれいにしていきたいと思います。 ぼくたちにできることは、毎月1回川のゴミを拾うことやゴミを捨てないようにポスターをつくることです。		

✓ **これまでの学習を よく思い出して振《ふ》り返《かえ》る！**

✓ **友達《ともだち》の発表や意見《いけん》から 分かったことを書く！**

✓ **書くこと（視点《してん》）を決めて書く！**

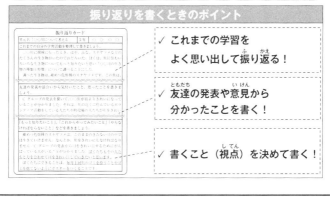

話し合ってまとめをするときのポイント

- ✓ 発言《はつげん》は短《みじか》く！ かんたんに！
- ✓ 理由《りゆう》のある発言をする！
- ✓ 友達の意見に学《まな》ぶ！

その他《ほか》のまとめ・表現《ひょうげん》する方法《ほうほう》のポイント

保護者《ほごしゃ》や地域《ちいき》の人をまねいた発表会 	✓ どういう発表にしたら、保護者や地域の人が分かるか、**相手のことを考えて発表をしよう。** ✓ 自分の考えをはっきりさせ、**伝えたい内容や言いたいことを明らかにしよう。** ✓ どのような順序《じゅんじょ》で発表したら、分かりやすくなるか考えよう。
新聞、レポート、パンフレット、ポスターにまとめる 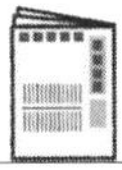	✓「多くの人たちに発信《はっしん》する」「自分自身《じしん》の記録」など**目的や読み手に応《おう》じて形式《けいしき》、内容を工夫《くふう》**しよう。 ✓ 読んでもらった人に感想をもらい、**自分たちの発表を評価して（よいところや改善点《かいぜんてん》を言って）もらおう。** ✓ 読んだ人の感想を基に、**よかったところや改善点**を見付けよう。

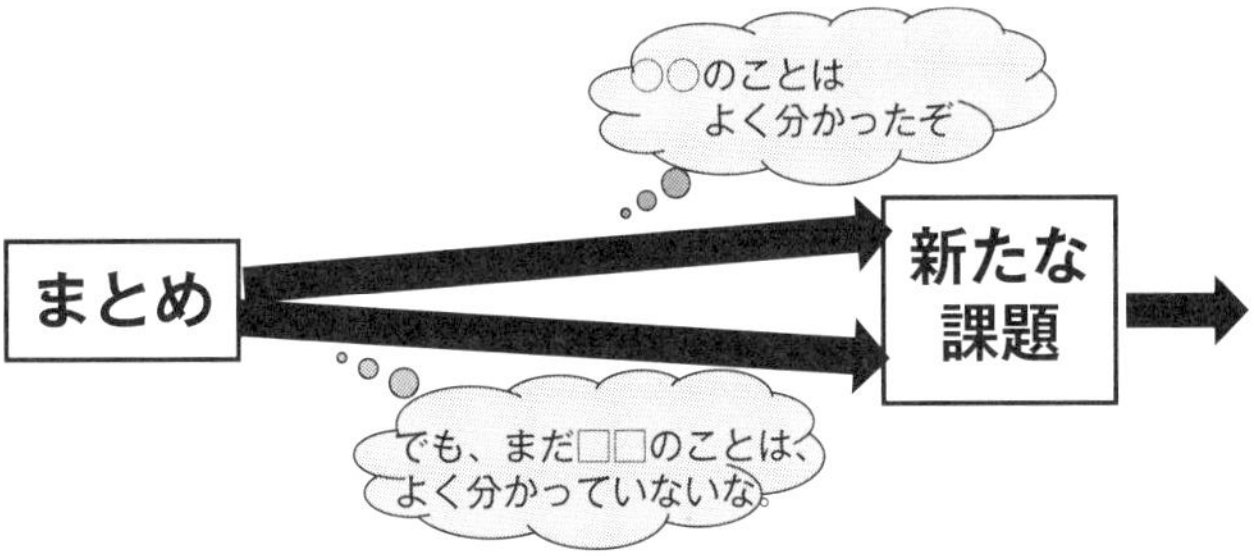

まとめを通して、分かったこと・まだ分からないことをはっきりさせて、次の活動につなげていくことが大切です。

〔その他の思考ツール〕

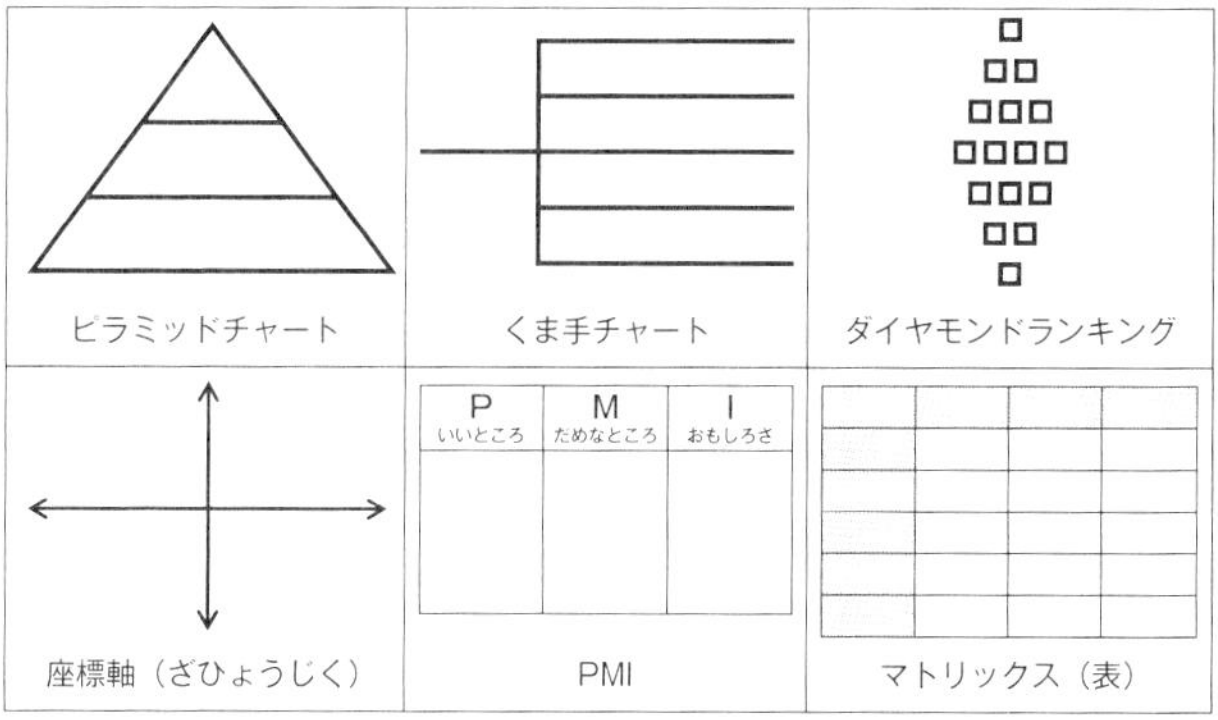

〔参考文献〕

石堂裕・村川雅弘監修（2016）『アクティブ・ラーニングの ABC』日本文教出版

文部科学省（2008）『小学校学習指導要領解説総合的な学習の時間編』東洋館出版社

文部科学省（2010）『今、求められる力を高める総合的な学習の時間の展開（小学校編）』教育出版

文部科学省（2017）『小学校学習指導要領解説総合的な学習の時間編』東洋館出版社

村川雅弘・田村知子・東村山市立大岱小学校編著（2011）『学びを起こす授業改革：困難校をトップ校へ導いた“大岱システム”の奇跡』ぎょうせい

田村学・黒上晴夫（2013）『考えるってこういうことか！：「思考ツール」の授業』小学館

田村学編著・みらいの会（2015）『生活・総合アクティブ・ラーニング：子どもたちの「能力」の育成と「知」の創造を実現する授業づくり』東洋館出版社

田村学編著・嶋野道弘編著・みらいの会（2009）『これからの生活・総合：知識基盤社会における能力の育成と求められる教師力』東洋館出版社

東京都小学校生活科・総合的な学習教育研究会編・田村学監修（2012）『総合的な学習授業づくりハンドブック』東洋館出版社

総合的な学習の時間　完全攻略本

平成 28 年 10 月 24 日　第 1 版発行
平成 29 年　3 月 31 日　第 2 版発行
平成 30 年　3 月 30 日　第 3 版発行
平成 31 年　3 月 29 日　第 4 版発行
著　者　　東京都大田区立松仙小学校
代　表　　荻間　秀浩
〒146-0085　東京都大田区久が原 1-11-1
TEL　03-3753-9141
FAX　03-3753-9142

松村英治（まつむら・えいじ）

東京都大田区立松仙小学校教諭

1988年、愛知県生まれ。東京大学大学院教育学研究科にて、秋田喜代美先生に師事、修士（教育学）。平成24年度より足立区立千寿常東小学校教諭、平成27年度より現職。研究主任として、質の高い授業の展開と同僚性の構築を目指した校内研究を推進。全国の生活科やスタートカリキュラムの充実に向けて、研修会の講師等を多数務める。

《主な著書》単著『学びに向かって突き進む! 1年生を育てる』東洋館出版社、平成30年2月／共著『「学びに向かう力」を鍛える学級づくり』東洋館出版社、平成29年3月。

仲間と見合い磨き合う
授業研究の創り方
「働き方改革」時代のレッスンスタディ

2019（令和元）年7月1日　初版第1刷発行

著　者　松村英治
発行者　錦織圭之介
発行所　株式会社　東洋館出版社
〒113-0021　東京都文京区本駒込5-16-7
営業部　電話 03-3823-9206／FAX 03-3823-9208
編集部　電話 03-3823-9207／FAX 03-3823-9209
振替　00180-7-96823
URL　http://www.toyokan.co.jp
装　幀　中濱健治
印刷・製本　藤原印刷株式会社

ISBN978-4-491-03719-6　Printed in Japan